Ⓢ新潮新書

中村淳彦
NAKAMURA Atsuhiko

日本の風俗嬢

581

新潮社

日本の風俗嬢●目次

第二章　ビジネスとしてのデリヘル経営

第五章　スカウト会社とスカウトマン

第六章　性風俗が「普通の仕事」になる日

まえがき

私の周囲には性風俗関係者がたくさんいる。

一九九〇年代後半に風俗専門誌の編集に関わった私は、以降は性風俗やアダルトビデオ（AV）関連の取材・執筆を主に文筆業を営んできた。そしてこの数年はセックスワーカー支援や性病予防などに関するNPO法人とも交流を重ねている。

風俗嬢やAV女優への取材は今も日常的に行っている。風俗嬢は多くの女性にとって長期間従事する仕事ではないので、人材は流動的である。風俗の求人市場は常に活発で、止まることなく人材は入れ替わっているので、外見のスペック（性能）に限らず、女性たちの〝質〟は、日を追うごとに少しずつ変わっていく。

二〇一三年夏、この本が発売される一年ほど前に新潮社に声をかけられた。編集部から手渡された「日本の性風俗」という企画書には、様々な素朴な疑問が記されていた。風俗にはどんな種類があるのか？　どのような人物が経営しているのか？　風俗店は儲かるのか？　風俗嬢はどのような女性か？　収入はどれくらいか？　何をすれば逮捕されるのか？　暴力団との関係は？　警察との癒着は？

「多くの人にとって、性風俗のことは〝どのような世界なのだろう〟という興味はあっても、まったくわからない分野です。中村さんのこれまでの取材の蓄積を生かして、女性も含めた、そういう人たちへの入門書的な新書を書いてみませんか」

そういう申し出だった。

少々、気が重いところがあった。性風俗の世界は、社会状況によって頻繁に改正される法律や条例、社会の風当り、それを踏まえた細分化、激しい流行の移り変わり、働く女性の意識などなど、様々な要因が複雑に絡み合い、止まることなく変化をしている。長年、その世界を取材してきた私のような〝関係者〟であってもすべてを把握しているわけでない。

編集部のリクエストは、性風俗の料金や遊び方ではなく、その歴史から法律、経営、風俗嬢の収入や人物像など、業界に関わるすべての情報を網羅せよというものだった。

しかし、性風俗や売春の歴史は、すでに名だたる学者が研究しているアカデミックな領域であるし、性風俗店の経営は合法化されたデリヘルが登場してから数々の専門の経営コンサルタントが存在している。

何日間か考えて、コンセプトを「日本の性風俗」では範囲が広すぎると思い、「日本の風俗嬢」に変更してもらうことにした。そうして取材し、執筆したのが、本書である。もっとも、かなりの部分は「日本の性風俗」の企画書に記されていた疑問に答える形になっている。

それでも「日本の風俗嬢」としたのは、カラダを売る、売ろうとする女性たちが現代の社会を映す鏡だと考えているからである。

風俗嬢という鏡が映しだすものは何か。それについては本書を読んでいただきたいが、最初にお断わりしておけば、「お金のために腹をくくって裸の世界に飛び込み、涙を流しながら性的サービスを提供している」といったイメージはすでに過去のものである。どこにでもいる一般女性がポジティブに働いている。高学歴の者もいれば、家族持ちもいる。これが現在の普通の光景である。

そのあたりについては、地方出身の女子学生や介護職員について触れた第三章（「激増する一般女性たち」）をお読みいただければ、理解してもらえるだろう。

その他の章についても簡単に触れておくと、第一章では現在の業界全体の状況を俯瞰している。また、第二章では近年もっとも一般的な業態の一つ「デリヘル」をビジネスという観点から分析してみた。第四章では風俗志願者が増えたことによる、待遇や収入、市場の変化について考えてみた。第五章では、これまで語られてこなかった裏方である「スカウト」の現状をレポートしている。

そして、第六章では性風俗や性の世界から社会を変えようと活動している、非営利法人のキーマンたちに話を聞いている。彼らの話は、この業界の今後を知るうえで、重要な示唆を与えてくれていると思う。

本書は性風俗の現場から風俗嬢、性風俗産業を支配する法律までを網羅した包括的な性風俗入門書である。読者の性風俗への理解が深まれば幸いである。

第一章　性風俗の現在

1　風俗嬢と売春婦は別物なのか

性風俗と売春

性風俗店に勤務している風俗嬢は売春婦なのか。

現役で活躍する風俗嬢の大多数は「自分は風俗嬢で、売春婦ではない」と思っているはずで、男性である客たちも「買春ではなく、風俗遊びをしている」という意識である。実際はどうだろうか。

売春は「人類最古の職業」などとよく言われる。日本でも安土桃山時代に生まれた遊郭の遊女から始まり、戦後しばらくまでは現在のソープ嬢のように店で売春をする女性は「娼妓」、個人売春する女性は「淫売婦」などとも呼ばれていた。

現在に至っても個人で客を見つけて自由にカラダを売っている「売春」(「ワリキリ」「援助交際」)よりも、性風俗店に管理されて働く「風俗嬢」の方が心なしかイメージはよく、歴史的にも個人売春をする女性を指す言葉に侮蔑やネガティブなイメージが込められるようだ。

しかし、売春婦の意味を調べると、「性的サービスを提供することによって金銭を得る女性を指す」とされている。とすれば、風俗嬢との境界線はきわめて曖昧だ。現在、「性的サービス」は細分化している。様々な種類がある性風俗店で働く風俗嬢や、自分で客を見つけて個人売春する女性、AV女優やストリッパーなどエンターテイメント関係の仕事も、お金をもらい裸になって「性的サービスを提供する」仕事である。

「淫売婦」などという言葉が日常的に流通していたのは、戦争の傷跡が残って国全体が困窮していた時代である。女性がすぐに商品価値が認められる、性という最後の手段を売らざるを得ない一定層が存在して、貧困を背景にカラダを売る理由が存在していた。つまりカラダを売る商売をすることイコール下流や転落の象徴であり、社会からの脱落を意味していた。だから中流以上の女性は決して手を出さなかったといえる。

ところが、近年、性に関するビジネスの環境は激変している。

風俗嬢を筆頭とするカラダを売る女性たちは、社会を敏感に映す鏡である。

この数十年でテレビ、インターネットが登場し、メディアは発達して、人々の価値観は多様化し、社会や女性の意識は大きく変貌している。一億総中流と呼ばれた高度成長期を越えて、社会は成熟し、雇用や社会システムの崩壊から格差が広がっている。非正規雇用労働者、ワーキングプア、ブラック企業社員、介護職員、精神疾患患者、シングルマザーなど、様々な立場の人が貧困にあえいでいる。現在進行形で格差が進行して、戦後の貧困層と大差のない下層が生まれているにもかかわらず、その貧困は社会にあまり深刻に捉えられていない。

しかし、上層から脱落した女性を中心に、性を売る行為はだんだんとカジュアル化するようになっている。そして、風俗嬢たちは自らの仕事をポジティブなものとして捉えるようになってきた。

この一五年で意識は激変

性を売る行為がカジュアル化した理由は二つあり、「女性の性に対する意識の変化」

と「貧困の深刻化」である。

九〇年代から性風俗関連の取材を続けてきた私の感覚だと、ブルセラ世代と呼ばれた一九八〇年生まれが二〇歳になった二〇〇〇年あたりから性の売買に抵抗のない女性は急増した。その後、数年間を費やして一〇代〜四〇代の多くにその意識が浸透している。この期間に女性たちは性に対してポジティブになった。「肉食女子」などという言葉が生まれたのも、そのあらわれかもしれない。

現在のように性風俗関連の仕事をポジティブに捉える女性が本格的に増えたのは、二〇〇八年の世界不況（リーマンショック）で雇用が本格的に壊れてからである。九〇年代までは性を売る行為は転落の象徴であり、大多数はそこまで落ちたくないという意識がまだ根強かったが、その頃と比べて、意識はまったく変わっている。

「自分の才能や技術に対して、男性客が安くはないお金を払ってくれている。誰にも頼らずに生きているのだから、私は平均的な女性と比べても勝《まさ》っている。むしろ上層にいる」という意識すら見られるのだ。

二〇〇〇年代以降は友人の紹介だったり、求人サイトで自分の意思で応募をしたり、繁華街でスカウトされたりと、多くの女性が性風俗にポジティブに足を踏み入れている。

志願者が増えすぎたその結果、需要と供給のバランスが崩れ、今は以前のように簡単に商品価値が認められなくなった。つまり、女性なら誰でも参入できるビジネスではなくなったのである。

売春防止法が本番の価値を高めた

細分化し、様々な種類の店舗が存在する現在の形に至るまでには三つの転機があった。一九五七年に施行された「売春防止法」、一九八五年に「風俗営業等取締法」を大幅に改正し、「風俗営業適正化法」（風俗営業等の規制及び業務の適正化等に関する法律。以下、風営法）が施行され深夜の営業が禁止されたこと、一九九九年の同法改正で性風俗店の届出が義務となってデリバリーヘルス（デリヘル）が事実上合法化されたことである。

売春防止法で売春は「人としての尊厳を害し、性道徳に反し、社会の善良の風俗をみだすもの」と、反社会的な行為として定義された。同法第二条には、「売春とは何か」の定義が次のように書かれている。

「『売春』とは、対償を受け、又は受ける約束で、不特定の相手方と性交することをいう」

ここで言う性交とは「男性器を女性器に挿入する行為」、いわゆる本番行為である。本番行為は反社会的な悪事とされたが、それ以外の性交類似行為は合法とみなされた。撲滅すべきは本番行為のみで、本番を売る女性が違法な存在である売春婦となったのである。

この売春防止法以降から現在に至るまで、様々な本番をしない性的サービスが開発され続けている。

風俗嬢は売春婦かという問題に戻ると、「デリヘル」、「ファッションヘルス」、「イメクラ」、「ピンクサロン」（ピンサロ）、「性感マッサージ」、「SMクラブ」など本番をしない非本番系の店に勤める女性は「売春はしていない」ということになる。

本番行為が前提の、「ちょんの間」、「本番サロン」（本サロ）、「デートクラブ」で働くことは、売春防止法に抵触する行為で「売春している」ことになる。

ソープランドやAVは〝不特定の相手方と性交する〟仕事に該当するが、ソープランドは店と女性に雇用関係がなく、店は女性たちに部屋を貸しているだけ、という建前が徹底されている。また、AVは映像を販売する前に警察関係者がかかわる映像倫理機構の審査を通すことによって、「モザイクの向こうでは本番をしていない」という建前で成り立っている。両者はグレイゾーンといえる（それぞれの業態については後で詳述する）。

実態はさておき、売春防止法上はデリヘル、ファッションヘルス、イメクラ、性感マッサージなど非本番系は合法となり、ちょんの間、本サロなど本番系は違法となる。風俗嬢として働こうとする際も、また客として遊びに行こうとする際も、サービスに本番行為があるかないかが、一つの分岐点となる。

ただし皮肉なことに、賭博や違法薬物、禁酒法時代の酒などと同じく、禁止されていることは、逆に付加価値が認められやすくなる。その付加価値は地下経済の売買対象になりやすい。

本番行為は店や風俗嬢個人の商品価値が簡単に認められる切り札となり、非本番系風俗店や風俗嬢が集客のために有償無償で本番行為をオプションにすることは常態化している。非本番系風俗店で風俗嬢が個人的に行う本番行為の売買は、店は認知していないため、帳簿には載らない地下経済の範疇に入る。こうした本番行為は違法とはいえ、すぐに摘発対象とされるものではなく、多くの風俗嬢は軽い気持ちで本番行為を売ったり、またリピーターになってもらうためのサービスとして客に提供したりしている。当然、彼女たちは自分がしていることが、「人としての尊厳を害し、性道徳に反し、社会の善良の風俗をみだす」違法行為だとは夢にも思っていない。

そもそも一口に風俗嬢といっても、「本番行為のある違法店に勤務する」「グレイゾーンの店で本番をする」「合法店で本番行為を個人的に売る」「合法店でリピーターを摑むため無償で本番行為をサービスする」「違法な本番は絶対にしない」等々、働き方やスタンスは個人によって様々で、現在、売春婦と風俗嬢の一線は極めて曖昧になっている。

また前述の通り、風俗嬢たちの意識は時代によって変貌する。

現在、風俗店には働きたい女性たちの応募が殺到し、風俗嬢たちは人としての尊厳を害されているどころか、志望者が増えすぎて働きたくても働けない女性が生まれている。スタート地点に立つまでに競争があるので、かつてのように貧困女性一般のためのセーフティネットとしては機能しなくなっている。風俗嬢と売春婦の一線は曖昧になっているが、スタート地点に立つまで、客を獲得するために競争が生まれているので、性風俗店で活躍する女性を過去のように「淫売婦」「売春婦」などと侮蔑を込めて呼ぶのは時代にそぐわない状況だと言えるだろう。

日本の風俗嬢は合法、非合法に関係なく、風俗店や客に選ばれた女性しか就けない特別な職業になりつつある。この点は、本書を読むうちに理解していただけると思う。

2　誰がいつ逮捕されるのか

違法店はリスクだらけ

売春は違法だが、実は違法店に勤めている女性や男性客が逮捕されて、禁固刑または罰金刑を受けることは、基本的にない。

売春防止法では個人が自由意志に基づいて行う単純売春（個人売春）に関しては処罰規定がなく、「売春の周旋」「場所の提供」「勧誘」等の行為のみが処罰されることになっているからだ。仮に勤務先の性風俗店が売春防止法で摘発をされても、逮捕されて処罰を受けるのは周旋（斡旋）、場所の提供をしている経営者や店長のみとなる。実際に性交をしている当事者である風俗嬢と客が処罰されない理由は、売春防止法が一九五七年施行と古い法律であり、当時はカラダを売らざるを得ない貧困女性が存在していたという時代背景にある。

もともと売春防止法は、日本が国連加盟するために国際社会から公娼制度を見直すことを迫られて制定された法律だ。第一条は「売春が人としての尊厳を害し、性道徳に反し、社会の善良の風俗をみだすものであることにかんがみ、売春を助長する行為等を処罰するとともに、性行又は環境に照して売春を行うおそれのある女子に対する補導処分及び保護更生の措置を講ずることによって、売春の防止を図ることを目的とする」とされた。

要するに売春をするおそれのある女性の処罰ではなく、保護が目的で、処罰対象は店舗経営者や責任者などの「売春を助長する行為」だけとなった。

本番を提供する違法風俗店で問題となるのは「管理売春」「周旋」「場所提供」「資金提供」の運営側だけで、そこで働く女性たちは救済対象となっている。客や女性が罰則対象外というのは理にかなっているとしても、売春女性を救済するべきという考え方は、一般女性が大量流入している現状と合わせると時代錯誤といえるだろう。このように時代に合っていない法律が、どのように運用、検挙するかはそれぞれの警察の裁量という形で現存している。処罰はされないので違法風俗店で働いたり、遊んだりしても全然問題なしというわけではない。単に逮捕されることはない、というだけである。

二〇一三年一〇月二二日、『実録！炎の警察官24時』（フジテレビ）で、茨城県警古河《こが》署の違法風俗摘発の模様が放送された。スナックのような外観で、料金は四〇分一万円ということなので、おそらく本サロである。本番ありの違法ピンクサロンのことで、茨城、群馬、栃木あたりの北関東では当たり前のように存在する業態だ。売春防止法違反と営業禁止区域で営業した風営法違反の容疑で、内偵と強制捜査にテレビカメラが同行していた。

放送では、古河警察署の生活安全課長が指揮をとり、二ヶ月間にもわたって内偵をするという念入りな捜査を敢行する様を紹介していた。担当した二名の刑事は店舗周辺の死角で長期間に及ぶ張り込みを続けている。内偵捜査では経営者、全従業員、全風俗嬢を特定して、営業時間の動きを徹底的に調査し、容疑が固まった段階でガサ入れ（家宅捜索）の日程を決定。違法風俗店の摘発は営業中の現行犯逮捕が条件のようで、慎重で地道な捜査が行われ、周到に準備をして当日を迎えている。

ガサ入れ当日、会議室に集った刑事は総勢一二人。摘発店舗の人の出入りをチェックする張り込み、逃げ道をふさぐ役、玄関から乗り込み経営者と従業員から事情を聞く役、プレイルームに乗り込んで証拠を押さえる役と担当がわかれて、風俗嬢と客の入店が確認されてから捜査令状を持った刑事が一気に店に乗り込んでいく。

刑事とテレビカメラが乗り込んだプレイルームは、風俗嬢と男性客が裸になって性的行為をしている真っ最中だった。突然刑事に「動くな」と凄まれて、裸の風俗嬢と男性客は証拠のための写真を撮られている。

客引きを兼ねていた経営者は、現行犯逮捕。本番行為をしていた風俗嬢と客は、そのまま古河署に連行されて事情聴取を受けたはずである。

不運なことに違法風俗店の摘発時に遊んでいた客は警察署で、生年月日や職業などから、違法店で遊んだ理由、通う頻度、本番行為の有無などなど、かなり恥ずかしい内容を聞かれることは確実である。警察に連行されたと言っても、逮捕ではないので家庭や職場に連絡をされることはないだろうが、警察官からかなりのお叱りと二度と違法店では遊ばないように厳重注意を受けるだろう。

ちなみに摘発をされた本サロ店を、同番組では「極めて悪質」、「暴利を貪っている」とおそろしい社会悪のごとく糾弾していたが、チラリと映った月間の売り上げは二五〇万円程度。これではとても儲かっているとは言い難い。本サロは、現在は常に摘発リスクを背負っているにもかかわらず、簡単には儲からない業態である。

また、この店は、管理売春にあたる本番行為に加えて、風営法違反でも摘発されたようだ。営業禁止地区にあたる小学校から半径二〇〇メートル以内で営業していたのである。本番系風俗店は有名無名にかかわらず、いつどこが摘発されるかわからない。さらに本番店でなくとも「営業禁止地区」にありながら長年営業していることで見逃されている店は多く、それらはいつでも摘発対象となりうるので、店舗型の性風俗店は働くことも客として遊ぶこともリスクが存在する。

風営法では店舗型性風俗特殊営業にあたるソープランド、ファッションヘルス、ストリップ劇場、ラブホテル、レンタルルーム、アダルトショップ、出会い喫茶などに全国一律で「営業禁止区域」が定められている。保護対象施設（学校、病院、診療所、児童施設、図書館など）の周囲二〇〇メートルの範囲は一律で営業が禁止され、新規の届出は却下される。さらに都道府県が条例によって「営業禁止区域」を拡大できるので、地域によって区域が異なっている。現在、届出を受けつける地域は全国数箇所で、店舗型の性風俗店を新しく開設することは事実上できなくなっている。

この放送を見ると、警察の広報目的でテレビカメラが同行しているため、極めて慎重に捜査をしているという事情を考慮したとしても、一つの店舗の摘発に二ヶ月間もの期間を費やしていることがわかる。違法店舗を特定して内偵し、証拠を揃えてすべて現行犯逮捕するのは大変な人手と労力が必要であることがわかるが、違法風俗店を潰したからといって誰かが救われるわけでなし、経営者も従業員も女性も客もまた別のところで同じことをするのが現実だ。

違法風俗店は大抵特定の地域に集まっており、一つの店舗が摘発されると近隣の類似業態の違法店が営業を断念する傾向はあるが、彼らは他の安全な地域に移るだけ。摘発された店舗は運悪くスケープゴートになったに過ぎず、他の店はババを引かないように細心の注意を払うだけである。

本番店や営業禁止地区で営業している違法風俗店や違法アダルトショップの店長は「逮捕要員」と呼ばれることがある。これは、単純にいつ警察に捕まるかわからない存在だからで、オーナーにまで捜査が及ばないように、逮捕に備えた研修がなされていることとすらある。

風俗嬢や客は基本的に処罰されることはないとはいえ、たまたま遊びに行った瞬間に店が摘発され事情聴取のために署に連行されて、いいことがあるはずもない。違法店はいずれ逮捕摘発される存在で、関わることはそれなりにリスクがあり、働くことも遊ぶこともやめた方が賢明だろう。

ラブホテル前で立ち止まっただけで逮捕

二〇一三年末、東京の新宿・歌舞伎町と池袋で、警視庁によって売春目的の女性が一斉検挙されたというニュースがテレビで流れた（ＴＢＳ、一二月三日）。

放送された映像では、三〇歳の日本人女性の顔と男性客にモザイクがかかっていた。おそらく女性が立っている場所は歌舞伎町のラブホテル街に隣接している東京都健康プラザ「ハイジア」の裏で、ここは有名な街娼（立ちんぼ）スポットである。九〇年代まではコロンビア人やタイ人など、外国人女性が中心だったが、一〇年ほど前から日本人が増え、数年前から若い女子大生やＯＬなど一般女性も珍しくなくなっている。

放送された内容は、次のようなものだった。

歌舞伎町の路上にたたずむ一人の女のもとに男性が近寄る。二人はそのまま歩き、ホテルの前で立ち止まったところで、捜査員が一斉に取り囲む。警視庁によると、女は三〇歳の無職で歌舞伎町の路上で、売春する目的で客待ちをしたとして現行犯逮捕された。

女は、「ホストクラブに行く金が欲しかった」と供述しているという。

この日、警視庁は売春目的で路上に立つ女性を一斉に取り締まり、一八歳から六〇歳までの二四人を売春防止法違反容疑で逮捕している。

男女間で本番行為を売買する単純売春に罰則はなく、女性は違法性風俗店で売春をしても罰せられることはないと述べたが、実はただ一つ例外がある。売春防止法第六条「売春の周旋等」に抵触した場合だ。「人を売春の相手方となるように勧誘すること」「売春の相手方となるように勧誘するため、道路その他公共の場所で、人の身辺に立ちふさがり、又はつきまとうこと」は禁じられており、罰則は「二年以下の懲役又は五万円以下の罰金」となっている。

つまり違法風俗店や個人売春で本番を売っても罰則はないが、売春を目的に路上で男性に声をかけて勧誘する行為だけは逮捕の対象となりうるのだ。

このニュースを見る限り、女性は男性と路上で話して、二人でラブホテルの前で立ち止まっただけで、捜査員に囲まれて逮捕されている。売春防止法の適用はそれぞれの警察署の裁量に任されている部分が大きい。この時は、実際に売春行為をしなくても第六条の適用で逮捕が可能だという判断のもとに警察は動いたということになる。路上で男性と話して、ラブホテルの前で立ち止まっただけで現行犯逮捕となると、街娼は極めて危険なビジネスだといえる。二四人の一斉逮捕という大規模な摘発なので、しばらくこのエリアからは女性が消えて、おそらくほとぼりが冷めた頃にまた現れるはずである。

性風俗店や性風俗街では、世論や社会状況、法律を運用する警察の都合、大きな事件の勃発などで、このような摘発や規制が繰り返されている。警察や行政の方針によって潰されてはどこかで生まれ、市場の原理に揉まれながら常に変貌を続けている。公娼制度が消滅した売春防止法施行以降、ずっとその繰り返しとなっている。

風俗街の大規模摘発が激化したきっかけの一つは、二〇〇三年、警察官僚出身の竹花豊氏が東京都の副都知事に就任したことが挙げられる。初の警察出身副都知事である竹花氏は、二〇〇四年に歌舞伎町浄化作戦の総指揮をとって大規模摘発を繰り広げた。「街に淫らな性風俗の看板を置かせない」という方針に基づいた摘発だった。つまり「店」の取締りが主眼なので、無店舗型には寛容な姿勢を見せた。その後、この「街から店舗型を消滅させる」という動きは神奈川、埼玉、群馬、大阪などにも広がっていった。

この判断に最も異を唱えているのが、当事者である風俗嬢だ。歌舞伎町で風俗嬢相手のコンサルティングを行い、自身も現役風俗嬢である水嶋かおりん氏はこう言う。

「見えなくなることで街の外観は綺麗になるかもしれないけど、見えなくなることの危険ってたくさんあるんです。風俗嬢が被害にあう事件事故が急増している。風俗嬢がお客さんに殺される事件が何件も起こったり、ホテルで女の子と二人きりだとお客さんの抑制が効かなくなって問題がおこりがちです。店舗型はすぐ近くにスタッフがいたから安全だったし、実際に殺人事件みたいなことは皆無に近かったです。無店舗型だとなにか起こったときに誰も対処ができないし。白看板（店舗名を出さない店）でもいいから安全のために店舗型を認めてほしい、というのが多くの風俗嬢の意見です」

こうした当事者の意見が政治や行政や警察に届くことはなく、一方的な締めつけが行われ続ける。これは性風俗関係の規制強化によく見られる特徴である。しかし、水嶋氏らの「安全に働ける環境を」という声には耳を傾けるべきだろう。

東京五輪の影響は

現在、性風俗関係者が怯えているのは東京オリンピックの影響である。この開催によって規制強化、摘発、浄化作戦が行われる可能性があるからだ。二〇一三年九月八日、国際オリンピック委員会が二〇二〇年夏季五輪の開催都市を「ＴＯＫＹＯ」と発表し、誘致関係者やメディア、多くの国民は歓喜の声を上げた。しかし、同時に性風俗関係者には落胆が広がっていった。都内で二〇店舗の風俗店を展開する経営者は、溜息をつきながらこう話す。

「オリンピックは、風俗関係者にとってマイナスだらけです。日韓ワールドカップ、洞爺湖サミットなど国際的な催しと、開催地近隣性風俗の浄化作戦は必ずワンセットになっています。世間は経済的効果を期待していますが、我々には迷惑なだけ。仮に摘発を免れたとしても、経済効果なんてない。もともとほとんどの店は外国人をＮＧにしているんです。多くの外国人にとって性風俗は本番があたりまえなのでトラブルになるし、言葉も通じない。だから外国人がたくさん来日してもなんのメリットもないんですね。

世界中から人が集まって経済効果が少しはあると期待しているのは、摘発の可能性が低くて花魁文化などで世界的に有名な吉原だけで、他の地域は摘発や規制強化で大変なことになるとウンザリしています。

すでに昨日から（取材は二〇一三年一二月二一日）なぜか渋谷警察管内で、無店舗型に対して大規模な立ち入り調査が実施されている。確認書や従業員名簿の不備で呼び出し注意になるケースもあって、間違いなくオリンピックに向けての調査ですね。歌舞伎町に関してはだいぶ前から街の解体が始まって、主要な風俗店グループは徐々にそこを引き上げて池袋や渋谷に移動しているので、あまり影響はない。六本木からも風俗店は消えている。東京で大きな摘発があるとすれば渋谷、池袋、錦糸町でしょうね」

東京オリンピックに向けて、都内の性風俗店や性風俗街に対して大きな規制がかかってくるのは確実とされている。性風俗店だけではなく、ラブホテル、レンタルルーム、アダルトショップ、出会い喫茶やテレクラなどの風営法で性風俗関連特殊営業に分類されている業者はすべて危機感を募らせている。

3　日本に性風俗店は何店舗あるのか

警察白書から推測する

性的サービスを提供する性風俗店は、風営法で所轄の公安委員会への営業の届出が義務付けられている。いったい全国に性風俗店が何店舗あるのかは、毎年公表されている警察白書の統計から推察することができる。

性的サービスを伴う性風俗関連特殊営業の届出は次の三種類に分類される。

・店舗型第一号営業――ソープランド

・店舗型第二号営業――ファッションヘルス、性感マッサージ、イメクラ、エステ、ピンサロ（のうちの一部）

・無店舗型第一号営業――各種デリバリーヘルス、ホテルヘルス

二〇一一年の届出状況を見てみると、店舗型第一号は一二四六店、店舗型第二号は八二二店、無店舗型第一号は一万七二〇四店となっている。

こうした正規の届出店に加えて、無届や偽装の届出で営業している店がある。店内に個室やシャワー設備のないピンサロや本サロ、ちょんの間などは店舗型性風俗特殊営業第二号営業の条件には該当しないため、本来はキャバレーやキャバクラなどが対象の「風俗営業一号営業」や「同二号営業」として届け出ている（または無届で営業をしているケースもある）。もちろん、これら接待飲食等営業での性的サービスは禁止されており、違法営業である。店舗型性風俗特殊営業としての届出のないピンサロや本サロは多く、全国各地に密集スポットがあることを考えるとソープランドの倍程度、少なくと

も二五〇〇店はあるのではと推測できる。

デリヘルの急増

デリバリーヘルスが該当する無店舗型第一号の一万七二〇四店は圧倒的な数だといっていいだろう。セブン-イレブンの店舗数一万六四五〇軒(二〇一四年四月末現在)を凌駕する数値で、供給過多、増えすぎている業態である。

一九九九年の風営法改正施行で無店舗型性風俗が合法化されたことが、この増加の最大の原因である。その分、店舗型を規制する動きは強まっていった。東京都の大規模摘発はその流れの中にある。二〇〇六年の改正施行では、看板を掲げずマンションの一室で営業をする受付所や待機所にも規制がかかり、店舗型とみなされるようになった。実質的に女性を派遣する以外の風俗店は継続できなくなってきている。

二〇〇四年歌舞伎町、二〇〇五年横浜黄金町、二〇〇六年埼玉県西川口と関東屈指の性風俗街が次々と大規模な摘発を受けて、店舗型が本格的に衰退したことも、無店舗型へのシフトを決定的なものとした。二〇〇六年の改正以降は性風俗店に対する警察のチェックは厳しくなる一方で、無届での違法営業は摘発リスクが高く、中長期的な営業はできなくなっている。

そのため無店舗型の届出数は、ここ数年、毎年一〇〇〇～一五〇〇店程度が増え続けている。デリヘルの新規開業は、いまだ減少する気配はなく、全国各地で激しい競争が繰り広げられている。激増の理由として、それまで法律的な立場が曖昧で、「その道のプロ」だけの世界だった性風俗店がわかりやすい形で合法とされたことが大きい。さらに設備投資がほとんどかからないため低リスクに見えることが拍車をかけた。

一方、新規開設が規制されて競争が減った店舗型の運営は安定しているため、風営法で許可をされた繁華街の店舗型の物件と権利はかなりの高額で売買されている。無店舗型デリヘルは確かに自宅を所在地として届け出ることもOKで、少ない設備投資で起業はできるものの、競争が激しすぎて早々に撤退する業者が後を絶たない。廃業の届出も徹底されていないため、実際に営業しているのは届出数のおよそ半分、八五〇〇店程度ではないかと言われている。

以上のことを考慮したうえで、日本の性風俗店の店舗数を計算してみると、

「ソープランド一二五〇店＋店舗型ヘルス、イメクラなど八二〇店＋無店舗型デリバリーヘルスなど八五〇〇店＋偽装届出・無届店二五〇〇店＝一万三〇七〇店」

ということになる。つまり大雑把ではあるが、日本にある性風俗店は違法店も含めて、おおよそ一万三〇〇〇店程度ではないかと推測できる。セブン-イレブンが約一万六〇〇〇店、マクドナルドが約三三〇〇店、スターバックスが約一〇〇〇店、老人デイサービス施設が約二万六〇〇〇箇所——他業種と比べると、性風俗店の一万三〇〇〇程度というのは需給関係からみて妥当な数なのか。この数年、業界から景気のいい話は聞いたことがない点を考えると、増えすぎている状況にあると考えられる。

4　現在どのような風俗店が存在するか

現在、どのような性風俗店が存在するのか。その業態と現状をまとめてみよう。まず風営法で認められている非本番系サービスから挙げていく。

ファッションヘルス

ファッションヘルスという名称は八〇年代前半に生まれた。働いている風俗嬢は若くて素人っぽく、料金も一万円程度と低価格だったため、初心者でも遊びやすいニュー風俗として八〇年代～九〇年代に大流行した非本番系性風俗の代表格である。

当初から、アルバイト感覚で働く風俗嬢が多かった業態である。シャワー→キス→全身リップ→シックスナイン→素股→発射という、清潔感があって本番をしなくていい仕事内容と、全国的に広まったファッションヘルスという名称がライトに聞こえたこと、メディアによって人気風俗嬢たちが注目されたことが、女性たちが性風俗で働くハードルを一気に下げるのに一役買った。合法で高収入ということも女子大生など、素人女性の大量参入を促した。

ファッションヘルス人気を決定的にしたのが、「ＭＡＮ-ＺＯＫＵ」や「ナイタイ」などが発行する風俗情報誌と、それらのメディアから生まれた性風俗のアイドル〝フードル〟の存在である。各店の人気風俗嬢が華やかに表紙や巻頭ヌードグラビアを飾った風俗情報誌が人気を博し、彼女たちの一部がアイドル化した。フードルの活躍の場は風俗情報誌を超えて一般週刊誌やスポーツ新聞、深夜番組などにも登場するようになった。例えば元祖フードルと呼ばれたイヴちゃんは圧倒的な知名度を誇っていた。現在四〇代半ば以上の男性ならば、誰でも記憶しているのではないか。

フードルのメディア登場に拍車がかかったのは、彼女たちのギャラを在籍店舗が支払ってくれたことが大きい。通常メディアは裸の女性を登場させたら、当人にギャラを払わなければならないが、風俗嬢の場合、店の宣伝広告を兼ねているため、店の名前を掲載すれば基本的にギャラは無料。必要な場合は、店が負担をした。インターネット登場以前の九〇年代前半まではテレビ、雑誌、スポーツ新聞はもちろんのこと、風俗情報誌などのエロ本も現在では考えられないほどの影響力があり、店は宣伝のために人気の高い在籍風俗嬢をメディアに露出させたがった。

メディアは風俗嬢のギャラを店が持ってくれるために安価で番組や記事を作れる。しかも性風俗関連のネタは注目度が高いので読者や視聴者に人気があった。また脚光を浴びたフードルも男性たちにアイドル視されることで承認欲求が満たされ、それが高いモチベーションに繋がっていった。風俗嬢という日陰の存在だったはずの後ろめたさは、脚光を浴びるほどに自信に変化。当然在籍店には指名が殺到するので、店も女性たちも大きな利益を得られるようになった。メディアとフードルによってファッションヘルスはメジャー化したといえよう。九〇年代前半まではファッションヘルスを中心に、非本番系性風俗店業界はすべての要素が好循環で回り、活気が漲《みなぎ》ったポジティブのスパイラルを描いていた。

風向きが変わったのは、やはり一九九九年の風営法改正で無店舗型への移行が始まってからである。新規出店が規制されて続々と繁華街からファッションヘルスが消えて勢いがなくなった。前述のように、二〇〇六年の改正ではマンション等建物内の受付所も店舗とみなされるようになったことで、無店舗型に転向せざるを得ない店が続出した。風俗嬢たちを売りだしてくれたメディアも、インターネットの浸透でだんだんと力がなくなり、店側には女性のギャラを払ってまでも登場させる意味がなくなった。露出が激減するとともにフードルの存在感は薄くなり、彼女たちはイチ店舗の看板娘というだけの存在になり、店舗型で人気を博した華やかなファッションヘルスという性風俗は過去のものになったのである。

現在、店舗数は業者や個人間での権利の売買で維持をしつつも微減傾向で、だんだんとその姿を消している。

デリヘル

ファッションヘルスの後に台頭したのが、デリヘルである。

デリヘルとはデリバリーヘルスの略称で、一九九九年の風営法改正で無店舗型が認められたことから、現代の性風俗の中心的な存在となっている。届出をして受理されれば誰でも風俗店が開設できるようになり、現在に至るまで無店舗型は様々な異業種参入による起業ラッシュで店舗数は右肩上がりに伸びている。

店舗型との一番の違いは営業時間の規制がないため、二四時間営業が可能になったことだ。営業時間内であればホテルや自宅に女性をデリバリー（要は派遣）して、本番以外のサービスをさせてもいいことになった。ヘルスと名づけられているように大枠はファッションヘルスのサービスと同じで、シャワー↓キス↓全身リップ↓シックスナイン↓素股↓発射が基本サービスとなる。

二〇〇〇年代に突入してデリヘルが性風俗の中心になってからは、激しい競争が理由でサービスの細分化が進んでいる。アナル、巨乳、痴女、拘束、ロリ（ロリータ）、メイド、人妻（～三五歳）、熟女（～四五歳）、超熟女（～六〇歳）、学園、コスプレ、豊満、巨乳、サド、マゾ、スカトロ、手コキなどなど、細かく専門化したジャンルを挙げれば枚挙にいとまがない。AV女優専門、芸能人専門などと謳っているところからデブ、ブス、地雷（外見に難のある女性）専門まであり、あらゆる好みや性癖や予算に対応したデリヘルが存在している。

　価格帯もピンキリで、六〇分のプレイ料金が数千円から一〇万円超まで存在する。女性の交通費の他、ホテル使用の場合はホテル代もかかるため、客の費用は店舗型ファッションヘルスよりも高くなる。インターネットサイトの写真や店員との電話だけで女性を決めるため、女性の外見や雰囲気が気に入らなかったとき「チェンジ」もできるが、店や女性の負担になるため有料の場合もある。また、チェンジを複数回繰り返すと要注意客としてリストに載る可能性がある。

ホテヘル

　ホテヘルとはホテルヘルスの略。デリヘルと類似の業態で、ホテル使用のデリヘルとほとんど変わることがないが、大きな違いは受付所がある点である。風営法では受付所で女性の写真を見せる行為やお金の受領が認められている。客はまずここで料金を支払って、決められたホテルに一人でチェックインする。女性は客が待っているホテルに後からやってくるというシステムである。

　二〇〇六年の風営法改正でホテヘルの受付所は、不特定多数の人が出入りする店舗とみなされ、新規開設は難しくなっている。店舗型と同じ扱いなので営業時間の規制もあり、零時以降の営業は禁止されている。

イメクラ

イメクラはイメージクラブの略である。

女子高生、女教師、ＯＬ、メイドなどなど様々なコスチュームを使って、「通学電車で痴漢がしたい」「保健室の先生になって女子生徒を診察したい」「女子高生を拘束して夜這いしたい」という客の妄想を具現化させるサービスで、かつては電車、保健室、教室などを模した広いプレイルームがある店舗型が存在した。しかし、二〇〇六年の風営法改正で大きな打撃を受けて、広いプレイルームが必要な店舗型は激減。現在は希望のコスチュームを持参してホテルに出張する無店舗型がメインになっている。

男性たちの様々な妄想に対応するためにオプションが多彩でバイブ、電マ（電気マッサージ器）、おもらし、顔面発射、おしっこプレイ、パンツ持ち帰りなどなど、オプションを組み合わせて自分の妄想を具現化させる。風俗嬢たちの年齢が若いイメクラでの妄想の王道は、女子高生の制服を用いたプレイである。

当然、在籍女性たちは制服着用に耐えうる一〇代〜二〇代前半が中心である。加えて細かな変態的な要求に応えられる演技力や、コミュニケーション能力も必要で、実際の趣味もコスプレというインドア系の清楚な女性が多い。妄想を実現するためには女性の質、プレイルーム、コスチューム、プレイ時間などなど、一般的なデリヘルやファッションヘルスよりすべてがグレードアップするので、必然的に費用も高くなる。六〇〜九〇分で二万〜二万五〇〇〇円程度の基本料金に、さらにホテル代とオプションがプラスされる。

女性たちに愛情を持つ指名客、常連客によって成り立っているため、店側の女性への管理や要求は厳しい。お客から苦情があったり、常連を摑めなかったりすると早々にクビになる。若くて可愛く衣装映えする年齢とルックスに、さらにコミュニケーション能力も……と求められる水準が高く、誰にでもできる仕事ではなくなっている。

性感マッサージ

性感マッサージは男が受け身になって前立腺を刺激してもらうことによって、ドライオーガズム（射精を伴わない快感）を売りにしたサービスである。回春マッサージ、回春エステ、M性感、アロマ性感、メンズエステなどとも呼ばれている。
「派遣型で一番細分化されている分野ですね。店舗型でやっているのはアロママッサージ、タイ古式マッサージなどで〝抜き〟（射精）がない。今〝抜き〟のある店舗型はほぼ違法店ですね。性感マッサージの売りはアナルに指を入れて前立腺を刺激する前立腺マッサージ。心身ともにリラックスした状態で刺激をされると、その快感は射精の比じゃないです。回春、アロマ性感などはソフト系、癒し系。M性感はハード系、痴女系などと呼ばれて、大きくは二分されている。ソフト系は念入りに全身をマッサージして、陰部と前立腺。ハード系のM性感は拘束されて言葉責めをされながら念入りな前立腺、希望によってはストーリープレイやエネマグラ（専用のマッサージ器）やペニバン（ペニスバンド）を使ってアナルを開発したり。様々な要望に対応しているハード系は、SMクラブのMコースに近いかな」（回春エステ経営者）
ソフト系の性感マッサージは、アロマオイルなどを使った全身マッサージで客をリラックスさせた状態で、アナルと前立腺への刺激でドライオーガズムを与える。念入りな全身マッサージ→アナルマッサージ→前立腺マッサージ→陰部マッサージで発射。ハード系になると男性客が拘束されて、言葉で責められながら乳首やアナルを刺激→前立腺マッサージ→前立腺&手コキで発射などが一般的となっている。〝抜く〟だけではなく、客をリラックスさせたり、心を解放させたりという精神的な癒しを与える能力が求められるので、女性には技術と高いコミュニケーション能力が必要とされる。

SMクラブ

SMクラブは〝抜く〟ことよりも、SM嗜好を持つ男性が心の奥に隠し持っている精神を解放させるプレイを提供する場所である。現実社会では実現が難しい変態的な行為を行う上級者向けの性風俗であり、地方では需要が少なく、東京、大阪、名古屋、福岡、札幌などの大都市圏に存在している。

SMクラブの基本的なプレイは客がサディストになるSプレイ、客がマゾヒストになるMプレイ、両方を楽しむS&Mコースの三種類で、女性と男性の相性や信頼関係でそれぞれ内容の深さは変わってくる。SMクラブ経営者の話。

「SMクラブは男性が女の子を責めたいSコースが、六〇分三万円。女王様に責められたいMコースが、七〇分二万三〇〇〇円くらいが料金の相場ですね。女性の単価は女王様よりも、Mの女の子の方が高いです。Sコースだと女の子にできる行為が、三〇種類くらいある。目隠し、口枷、手枷、拘束、縛り、羞恥プレイ、バイブ、ご奉仕、蠟燭、軽い鞭、浣腸とか。アナルファックになると、オプションで追加料金になる。

お客さんが責められたいMコースは、項目が七〇種類くらいあって、責められる本人が了承するならば、なんでもありですね。Mの女の子がやられる項目はもちろんですが、聖水や黄金もあります。聖水は小便、黄金ってのは大便のことで、女王様の大便をかけるとか食べるとかはオプションになる。Sコースも Mコースもプレイ前にお客さんにカルテを書いてもらって、ミーティングをしてなにをしたいのかを把握して、女の子が必要な道具を用意してからプレイに入ります。女の子を責めるSコースのお客さんは基本的にわりと紳士的で、言葉とか羞恥プレイで女の子をちゃんと感じさせるみたいな人が多いですね。ビシビシ鞭で叩くみたいな人はまずいないです。

Mコースの男性は社会的地位の高い人から、生まれながらのマゾみたいな人まで本当に様々です。SMクラブはあらゆる性癖に対応しているので、とくに責められたいMコースのプレイはお客さんによって全然違ってきます」

SMクラブは抜きではなく、男性客それぞれの妄想を具現化し、精神を解放することを目的にしているためにプレイはマニュアル化できるようなものではない。女王様やM

女性になにをしたいのか、なにをされたいのかという目的や欲望がはっきりとしている上級者向けの性風俗といえる。

SMクラブの劣化

「SMクラブは店舗型がなくなったことで、かなり深刻なダメージを受けています。一つの文化が終わりつつある」

人気女王様・青山夏樹氏は冴えない表情で、そう語る。青山氏はSM歴二〇年。女王様業だけではなく、SMクラブやSMビデオメーカー経営も手掛けている。

「大きく変わったのは二〇〇六年の風営法改正ですね。それまでSMクラブは自前でプレイルームを持つ店舗型が主流だったけど、風営法改正で受付所やプレイルームの届出が義務になって、その届出に物件所有者の承諾書が必要になったんですね。SMは例えばデザイナーとか作家とかと同じように〝技術職〟という側面があったので、女王様個人がプレイルームを持って自分のお客さんを呼ぶ小規模のSMクラブがたくさんあったんです。それが大家さんの承諾書が要るとなって大部分が継続できなくなった。SM関係者というか、SMで生きてきた人たちは二〇〇〇年代前半と比べると半分どころか、七割減くらいにまでなっている」

　ＳＭクラブは繁華街のマンションの一室をプレイルームにしているケースが多く、大抵は所有者の承諾が得られない、承諾を得ても店舗型では届出が必要なうえ、簡単には受理されない。そのため無届で営業を継続すると、摘発される。そんなことからプレイルームを持つＳＭクラブは壊滅状態となった。特殊な雰囲気や器具が必要とされるマニアックなプレイをする性格上、自前のプレイルームが重要な役割を果たしていたが、ＳＭクラブ自体を潰すか、女王様やＭ女性をホテルや自宅へ派遣をする無店舗型で継続するか、店側は二択を余儀なくされた。この結果、「技術の継承」が困難になっているという。

「今は出張ですね。やっぱりＳＭは決まったマニュアルのない難しい仕事なので、店舗型では女の子たちが先輩のプレイを見学したりして研修とか教育みたいなことが盛んに行われていたんです。店舗型だった時代はやっぱりサービス業なのでＳもやってＭもやる、みたいな両方の技術を習得するのが一般的だったんですね。

　無店舗型になってお客さんが減って、プレイルームもないから昔のような研修もできず、結果的に稼げなくなる……と負のスパイラルが起こって、今は他の本業がある女の子の趣味半分のアルバイトみたいになっちゃった。ＳＭクラブのクオリティーが下がって、それに加えてM性感とかハプニングバーとか、他の風俗でもSMクラブの女の子程度のことはできるようになってきた。高いお金を払ってわざわざクラブでプレイをしたいってお客さんがいなくなっちゃったんですね。稼げないからSMを学ぼうって女の子も本当に減ったし、働く女性も仕事ではなく趣味とか生活の余興になって、ほとんど中身は空っぽ。もう厳しいですね」

SMクラブはプレイルームを所有できなくなったことで、研修や技術継承に支障をきたしている。女王様のスキル低下が顕著になり、多くの客はもっと安価な類似の風俗へと流れてしまった。スキル低下によって売り上げが減少して稼げなくなり、人が集まらなくなり、有能な女王様がどんどんと減っている、という負のスパイラルが起こっている。無店舗型へシフトを余儀なくされた影響は、サービスのクオリティーの急激な低下を招いた。

グレイゾーンの商売は

未成年者の就業を取り締まる法律を除くと、性風俗店の運営に関わる大きな法律は営業時間や営業可能地域、広告などを規制する風営法と、管理売春や斡旋、本番行為を取り締まる売春防止法の二つである。中味があまり変わらない売春防止法と異なり、風営法は一九四八年に制定されて、二〇一二年までに三五回の改正がなされ、規制の対象と範囲は時代に合わせてどんどんと変化している。

しかし、いくら規制や摘発をしても、性欲を持つ男性が減るものではない。仮に違法店を潰したとしても、他地域に移ったり、業者や女性が地下に潜って営業をしたりするなど、警察が実態を把握できなくなることが予測できる。

アンダーグラウンドな存在となると、地下経済の領域となるため税金の徴収ができない。この点は当局が規制を考えるうえで大きな要素となっている。そのため違法行為とも言えるが、暫定的に営業が許されるというグレイゾーンが存在している。グレイゾーンの店舗は警察が実態を把握しながらも、今のところ存続させた方が得策と判断されている存在である。

ソープランド

「性風俗の王様」と呼ばれるソープランドは、実はこのグレイゾーンの性風俗の代表格である。

発祥は江戸時代の遊郭地帯。戦後、売春防止法によって赤線は解体されたものの、直後に東京吉原に「トルコ風呂」が誕生した。札幌すすきの、川崎堀之内、横浜福富町、岐阜金津園、滋賀雄琴、神戸福原、福岡中洲などなど、他の歴史と伝統のあるソープランド街もその多くが吉原同様に旧赤線地帯である。一九八四年にトルコ人留学生の訴えで、現在のソープランドに名称を変えた。

ソープランドでは即フェラ、マットでのローションプレイ、女性器でカラダを洗ってくれるたわし洗い、スケベ椅子、くぐり椅子でのアナル舐め、湯船の中での潜望鏡（フェラ）、ベッドでの本番行為など女性が女体をフル活用したサービスを楽しめる。

法的な問題は本番行為があることだが、管理売春ではないという建前なので、店舗の受付で支払うのは入浴料のみで、サービス料は女性に直接渡すという二段階の徴収システムになっている。サービス料は入浴料の二倍というのが一般的な価格設定。入浴料とサービス料を合わせたものが総額で、入浴料が五〇〇〇円ならば総額は一万五〇〇〇円、入浴料が一万円ならば総額は三万円となる。

売春防止法に抵触しないように、店と浴室でサービスする女性との間には雇用関係はないというのが建前で、コンドームやうがい薬などの備品は女性が自費で購入して揃えなければならない。

昔からソープランドの女性たちが風俗情報誌やインターネットサイトで裸になったり、店名を明らかにしたうえで本番が含まれるサービスについて語ったりすることはあまり見られない。それはソープランドの存在そのものが違法に近いグレイゾーンだという自覚が女性たちにもあり、独自の建前を徹底しているからである。

特に東京吉原は江戸の遊郭の時代から続いている歴史的な風俗街で、ソープランド業者や地権者が加盟する組合が地元警察や税務署と密な関係を築き、売春防止法制定以降ずっと守ってきた建前を街ぐるみで維持している。性風俗専門の広告代理店社員はこう語る。

「吉原にあるのは、浅草特殊浴場防犯健全組合だね。赤線の時代から組合があって、我々は女性に部屋を貸しているだけ、未成年の雇用は絶対にしない、税金はしっかりおさめるってちゃんと話し合っているの。吉原のソープランドはみなし税金って税金を前払いしていて、詳しい金額はわからないけど、一店舗一日いくらって決まっているみたい。組合に入らないと税務署から警察に（連絡が）行って、最悪摘発になる。だから店が売り上げをごまかしたりは出来ないシステムになっているんだよね。無闇に摘発をしても税金は減るし、吉原はゴーストタウンになってしまう。誰にとってもなにも良いことがないから、これだけ長い間街が生き残ってこれたんだよね」

ソープランドは女性の外見やサービスのクオリティーで高級店（総額六万円以上）、大衆店（総額三万～六万円）、格安店（総額二万円以下）に分かれ、この数年は高級店、大衆店が不振で低価格化が進んでいる。三年前、埼玉県西川口の総額一〇万円の超高級某店が店名をそのまま、時間を短縮して一気に総額一万五〇〇〇円まで値段を下げたことで風俗関係者を驚かせたことがあった。ダンピングしてでも数多くのお客をとった方が得策という、不景気を乗り切るための大胆な方針転換である。

ピンクサロン

格安風俗の代表格であるピンクサロンも、風営法の性風俗関連特殊営業の種別に名が存在しないことからもわかる通り、グレイゾーンに位置する。

前述したように、ピンクサロンはファッションヘルスが該当する店舗型性風俗特殊営業第二号、もしくはキャバレーなどが該当する風俗営業第一号で届出を出している。しかし、「書類上はファッションヘルスなのに、そのために必要な個室やシャワーがない」、もしくは「キャバレーなのに性的サービスをしている」など実態と届出の間には矛盾があるため、警察がその気になればいつでも摘発ができる。また、ソープランドと同じく、必要悪とされて、黙認されている代わりに新規出店が規制されている業態である。

価格は五〇〇〇～八〇〇〇円程度と性風俗の中で最も安価な部類で、有名なピンサロ街である東京大塚には二〇〇〇円の店まで存在する。大抵の店は薄暗い店内にソファーが並び、大音量でノリのいい音楽が流れている。女性がやってきて数分間喋った後、「ズボンとパンツ降ろしてね」と言われてサービスが始まる。男性器を消毒液が染みたおしぼりで拭かれて、女性が服を脱いでＤ（ディープ）キス→フェラチオ→口内発射となる。ゴムフェラ、生フェラは店や地域によってまちまちで、クンニやシックスナインや指入れなど本番行為以外ならばほぼＯＫ、女性によってはアナル舐めまでＯＫということもある。価格が高いからといって女性の質やサービスがいいとは限らず、常連客や口コミで広がって開店前から行列ができる店がまず「当たり」とされている。

ピンサロ独自のサービスとしては、花びら回転がある。看板に「花びら二回転」「花びら三回転」などと書かれているのをご覧になったこともあるかもしれない。回転数はすなわちサービスする女性の人数で、「花びら三回転」になると女性とのんびりお喋りをしている暇などなく、続々と女の子がやってきてフェラチオをしてくれる。東京のピンサロ激戦区である巣鴨だと花びら三回転で料金が五〇〇〇〜六〇〇〇円程度と安価でサービスは濃厚である。

ピンクサロンは性風俗では唯一、時給制をとっていて、女性が出勤すれば時給分の収入は保証される。求人広告では「サロン」や「キャンパスパブ」などと謳って時給が書かれていることが多いため、普通の水商売と間違えやすい。そのため間違って応募して、そのまま入店してしまう素人女性がたくさんいる。「花びら三回転」の過酷な労働を強いられる店でも、高校を卒業したばかりの一〇代の女の子や女子大生などが、普通に働いていたりする。

5　裏風俗とはどんなものか

裏風俗は減っている

本番系の違法店は、「裏風俗」とも呼ばれる。

摘発リスクを抱えながらも裏風俗がなくならないのは、需要ゆえである。店舗型での本番提供は希少価値があり、圧倒的多数の男性客が常に強く求めているのだ。本番提供をするだけでリピーター率は高くなり、売り上げを伸ばすことができる。

店側からすると、麻薬のようなもので、一度本番行為に手を出してしまうと非本番系への転向は困難である。

裏風俗は、違法の自覚があるので目立つことに警戒心が強く、メディアに積極的には出てこない存在である。地元民やマニアしか知らない情報の少ない隠れた存在で、二〇〇〇年代前半までの実話誌やエロ本では、裏風俗の潜入ルポは人気の定番記事だった。

一〇年くらい前までは日本人の可愛い娘が現れただけで盛り上がっていたが、二〇〇〇年代になると、そういう娘に遭遇するのも珍しいことではなくなった。表風俗の無店舗化が進行する中で、店舗型で若くて可愛い女性たちが本番提供する裏風俗は急激に売り上げを伸ばしている。最盛期の横浜黄金町は、街全体で一日二億円の売り上げがあったと言われている。ただし現在は全国的に度重なる摘発や街の浄化作戦などが繰り返されて、続々と裏風俗は姿を消している。以下、代表的な裏風俗を見ていこう。

ちょんの間

「ちょんの間」は江戸時代の全国各地にあった「岡場所」と呼ばれる幕府非公認の私娼街が発祥で、戦後は赤線、青線となり、現在は「ちょんの間」という形で生き残っている。一般に飛田新地（大阪）、松島新地（大阪）、今里新地（大阪）、真栄原《まえはら》（沖縄）、コザ吉原（沖縄）、町田（東京）、黄金町（神奈川）、川崎堀之内（神奈川）、五条楽園（京都）等々が、所在地として伝えられていた。ただし、次々と摘発によって消滅しているというのが現状だ。

ちょんの間は、売春防止法で公娼制度が廃止されて以降、表向きは旅館、料亭、スナックとして営業をしている。長い間、客と女性のセックスは自由恋愛という建前で本番行為を提供した。しかし、二〇〇〇年代以降に摘発が頻発している現実を見ると、その建前を当局はソープランドと同様には受け止めなかったようである。

大抵の店舗は老朽化したまさに売春宿のような雰囲気で、風俗嬢も九〇年代までは興行ビザや不法に入国した外国人女性が多かった。そのためアンダーグラウンドな違法風俗として認識されていた。

ところが二〇〇〇年代に突入すると、突如人気が上昇した。若い日本人が激増し、それに合わせて客もリピーターが増えたのだ。長年、社会の片隅でひっそりと営業していたものが、注目を浴びたのだが、それも一瞬のこと。すでに述べたように現在は摘発によって続々と潰されている。

一五～三〇分とサービス時間は極めて短く、料金は一万～一万五〇〇〇円程度。店先にはガラスの向こうで襦袢や下着姿の女性が笑みを浮かべて座り、多くの店は年配女性が客の呼び込みをしている。まさに陳列された「女性という商品」を売買しているイメージである。年配女性に料金を払って女性と二階へと移動し、決められた一五～三〇分という短い時間でセックスするというシステムである。

極めて短いサービス時間は合理的で、なかなか稼げないデリヘルなど他の性風俗より、客がつけば楽で実入りがいい。客はシンプルに本番のみが目的なので、店側はサービス内容について、女性に厳しくあれこれ言わない。二〇〇〇年代の日本人激増は無店舗型時代になって合法店が苦戦する中、楽に稼げるちょんの間の存在を知った日本人女性たちが続々と転職したからである。これは客にとってはもちろん、店にとっても好都合だった。入管に摘発されるリスクを抱える外国人女性の力を借りなくても、営業ができるからである。

本サロ

本サロは先ほども触れた通り、本番を売りにしているピンクサロンのことで、全国各地にある。

東京近郊では埼玉県西川口や越谷、熊谷、群馬県太田や伊勢崎などは「北関東の桃源郷」などと呼ばれて有名だったが、この数年の摘発や浄化作戦などで、それらの日本人系裏風俗は壊滅状態である。それぞれの街には僅かながら生き残っている店もあるが、街からは人が消えて閑散としている。ちなみに西川口は性風俗店の浄化作戦とともに行政が主導して「(性風俗を排除して)西川口をB級グルメの街にしよう」という運動を起こしたが、まったく盛りあがりをみせず、結果として跡地周辺はゴーストタウン化している。

ただひとつ関東近辺で生き残っている本サロ街が栃木県の某市にある。摘発されない街として他県からも本サロ業者が流入、各地で摘発が激化した二〇〇〇年代にさらに街を拡大させている。

「あそこの日本人系の本サロで警察に入られるのは未成年を雇っているとか、薬物関係の問題があるときとかだけ。本番に関しては、なぜか摘発がない。店舗型で本サロがOKなのは、東京近郊ではそこだけになった。群馬県の業者が続々流れてきて、街はポン引きだらけで活気づいている。女の子のレベルも高くて一〇代や二〇代前半の若い女の子がたくさんいて、土日になると人気店は二時間待ちとかざらになっています」（裏風俗系ライター）

その街の駅周辺は店舗型風俗店だらけ。看板を掲げた店舗型のピンサロ、本サロ、中国系本番マッサージ店が入り混じった、ポン引きだらけの無法地帯となっている。業態は五〇〇〇円台ならピンサロ（二〜三回転）、四〇分一万円前後なら日本人系本サロ、六〇分一万円前後なら中国系本番マッサージと料金設定で見分け、一万円前後を掲げている店はすべて本番店である。さらに多くの店舗型本サロには、本番を含む性的サービスを提供しているのに栃木県公安委員会の「社交飲食店」としての営業許可証が入口付近に掲げてある。この許可証があれば摘発されないと現地ではいわれている。

店はピンサロより広めで、ソファーのみのところもあれば、簡易的に仕切りをつけた個室があるところもあるなど、内装は店によってそれぞれ。料金は四〇分一万円程度、フェラチオを中心としたピンサロサービスに加えて、フィニッシュはゴム装着の本番となる。裏風俗とはいえ女性たちのクオリティーは決して低くはない。本サロで働く地元の女性たちは法律や性風俗事情に疎く、二〇代前半の可愛い女の子が普通に働いている。本番が法律で禁じられていることを知らない女性が多く、地元の女性だけでは人手が足りず、スカウト経由で短期間働く他県からの出稼ぎ風俗嬢もいる。

大陸系デリ

大陸系デリと呼ばれる韓国デリヘル、中国デリヘルではほとんどの店が本番サービスを行っている。儒教の影響で男尊女卑的な意識が女性たちに根づいていて、本番に抵抗がないことと、短期的に客を集めやすいことが理由である。

韓国デリヘルで特徴的なのは、雑誌広告や店のホームページの女性たちの写真である。CGのように修整に修整を重ねて、まるで人形かロボットのような領域にまで作り込むのは日本人にはない感覚である。

もっとも、それを見て人形のような美しい女性を呼んだつもりでも、実際の姿はまるで違ったりする。韓国の儒教社会では女性から好きな男性にアプローチができないため、男性の気を引くために外見を美しくすることに執念を燃やす傾向がある。過剰な美容整形や写真修整は、かの国の文化でもあるのだ。

韓国デリヘルはインターネットで集客するので、女性たちが自国の家族や友人にバレないように、自分とは思えないくらい作り込んだ写真を自ら持参するのが、大きなギャップの理由である。女性たちの多くは二週間〜二ヶ月程度の短期間の出稼ぎであり、その間に一円でも多く稼ぐことを、店も女性たちも方針にしている。人柄やサービスを気に入ってもらって長期的な常連客を作ることを目的にしていないので、必然的に当たりはずれは大きくなる。

韓国デリヘル、中国デリヘルの経営者はその国の人物で、「ママ」と呼ばれる女性たちを管理する店長は、ほぼ全員が日本への出稼ぎ経験のある元風俗嬢で日本人と結婚して永住権を得ている女性たちである。風俗嬢たちの多くは基本的にその国に在住する女性で、日本での就労資格を持っていない。つまり本番行為以前に違法な業態なのである。風俗情報について独自の情報網を誇る「東京スポーツ」には次のような記事が出ていた（二〇一二年一〇月四日付。記事はウェブ版より引用）。


警視庁が先週、東京・鶯谷周辺で韓国女性に売春させたとして、韓国籍の経営者

（三二）ら三人を逮捕。調べてみると、自国で稼げなくなった女性をスカウトし、日本で商売をさせ荒稼ぎしていた実態が明らかになった。

警視庁保安課に売春防止法違反（周旋）容疑で捕まったデリバリーヘルス「オッパ」の経営者は「短期で稼ぐには売春しかない」と容疑を認めている。毎月韓国に渡り、二〇代女性を「日本で売春すれば月四〇〇万円稼げる」とスカウトしていた。常時一五人が待機し、売り上げは月一六〇〇万円ほど。韓国人売春クラブとしては過去最大規模だという。

韓国はあれだけ〝日本嫌い〟をアピールしておきながら、不思議なことにスカウトされてやってくる女性が後を絶たない。しかも韓国の国会議員によると、国外で売春をしている韓国女性は一〇万人以上おり、関係者によると、そのうち「五万人が日本にいるとされる」というから、もはやあきれるほかない。

韓国人売春婦たち

韓国には日本と同数程度の三〇万人の風俗嬢がいる、と言われている（日本の風俗嬢の数は第三章で詳述）。日本の四割程度という総人口から考えると風俗嬢の人口比率は、日本よりもはるかに高い。また、月刊誌「SAPIO」の二〇一二年一二月号によると、韓国における二〇一一年の強姦事件は一万九四九八件（韓国警察庁発表）で、日本とは比較にならない凄まじい発生数だと報じている。性欲が産業の基盤だと考えると、女性の供給のみならず男性側の需要も、日本とは比較にならない割合と数に見える。

韓国政府は売春の横行を危惧して一九九六年「淪落《りんらく》行為等防止法」（売春禁止法）を施行したが、効果は薄く、性風俗店が減ることはほとんどなかった。そこで二〇〇四年に罰則を強化した「性売買特別法」で徹底的取り締まりに乗り出した。今度は男性客も逮捕摘発するという厳しいもので、風俗街も徹底的に摘発した。その結果、客は激減、多くの性風俗店は潰れてしまった。

厳しい摘発と客の激減で韓国の風俗嬢たちは仕事を失って生活ができなくなり、他国に出稼ぎをする女性が急増した。隣国の日本は格好の出稼ぎ先となり、その多くが二〇〇店とも三〇〇店とも言われる東京鶯谷の韓国デリヘルを中心に都道府県各地に稼ぎに来ている。韓国人風俗嬢たちはほとんどが観光の名目で入国して、二～三ヶ月で本国へ帰っていく。次から次に入国して全国に散らばり、今や韓国デリヘルがないのは徳島と島根だけと言われている。

一番の中心街である鶯谷の駅は、東京は山手線にあり、日本最大のソープ街である吉原も近い。駅前からはラブホテルばかりが見えるという独特の街となっている。ちなみに鶯谷という地名はなく、台東区根岸一丁目がその地区である。

この地域はかつて山手線沿線という利便性に加えてラブホテル密集地帯という好条件もあって、派遣型風俗が認められた九〇年代末以降に続々とデリヘル業者が集まっている。最初は吉原が近いことから、吉原で働けなくなった女性たちの受け皿となって熟女デリヘルが発展し、日本一の熟女デリヘルの街となった。二〇〇〇年あたりから韓国デリヘルが増え始め、本国で二〇〇四年に施行された「性売買特別法」によって、韓国女性の日本への出稼ぎが本格化する。

韓国国内で行き場を失った風俗嬢が数万人規模で続々と集うようになり、現在では韓国デリヘルと熟女デリヘルが乱立している。さらに、鶯谷で営業する九九パーセントの韓国デリヘルは本番サービスをするという異常な状態となっている。

韓国デリヘルに詳しい月刊誌「俺の旅」の生駒明編集長は、こう語る。

「韓国女性は非常にサービスが濃い。全員とは言わないけど、日本人より明らかに濃い傾向にあります。向こうから二回戦を求めてきたり、情熱的だったり。

日本の女の子のように早く終わらせて帰りたいみたいな女性は少数派ですね。理由は店の指導じゃなくて、そういう国柄なんですね。彼女らは出稼ぎに来ているんだから、お金だけが目的で適当にサービスするってイメージがあったけど、サービス精神が旺盛だし、男をたてるし、男に尽くす。僕は韓国語をしゃべれるのでたまに店外デートみたいなことをするんですけど、例えば一緒にご飯を食べにいくじゃないですか。普通にご飯を食べようとすると、サンチュに焼肉を包んで口に運んでくれるわけですよ。二人で電車に乗って席が空いていたとすると、日本だと女の子が座る。韓国は反対なんですね。男を座らせて、女の子が荷物をもってくれるんです。

韓国は儒教の影響があって男尊女卑が激しい社会なので、そういう文化だし、教育なんですね。セックスでも情熱的でサービスが濃厚なうえに、多くの女の子はコンドームをつけようとすると止めてくる。本番どころか、生を薦めてくれることに最初は驚きましたね。韓国デリヘルの本番や生本番サービスは、韓国女性の性格から自然発生しているんですよ」

一方、韓国人の元風俗嬢が管理している韓国デリヘルは「仕事が楽」という意見もある。

半年前から鶯谷の韓国デリヘルで働く日本人・A子さん（三二歳）は、「外国系のデリは韓国人とか中国人が経営していて、店長はその経営者の愛人のママとか。誰も長くデリヘルを続けようなんて気がないから、サービスだけじゃなくてなにもかもが適当で、女の子からすると本当に楽ですよ」と語ってくれた。

「採用に身分証明書とかいらないし、本当の年齢を言わなくても全然大丈夫。ホームページとか風俗案内所でお客を集めているけど、客を客と思ってないような感じ。忙しいと早く帰ってきちゃってもいい。その方が次の客にいけるからね。普通のデリだったら六〇分コースで、三〇分で帰ってくるなんてありえないけど、外国系は平気でやる。外国系は客からどんな苦情が来ても店がなにも言わないし、適当。風俗は表から裏までいろいろ経験したけど、違法店で怪しければ怪しいほど、女の子は楽に稼げますね。もう普通の店にはかったるくて戻れないな」

韓国デリヘルが人気を呼ぶ最大の理由である本番サービスは、男尊女卑社会で育った韓国女性が本番に抵抗がないうえに、男に尽くすという文化と教育があるために生まれたもののようだ。韓国人女性の気質、本国の売春禁止法令、日本では本番が最も付加価値のあるサービス、という複合的な要因が絡み合い、爆発的な広がりとなった。

6 サービスはどこに行き着いたのか

過激化するサービス

所轄の警察署を通じて正規に届出をして公安委員会に受理されているデリヘルでは本番行為はないのかといえば、まったくそんなことはない。全国各地で「男性器を女性器に挿入する」違法行為をしまくっている実態がある。

激しい競争の中で価格や女性の質以外で、集客するのになにが最も効果的かというと結局は本番である。裏風俗が盛んな北関東では、表面上は届出をしてある店でも、本番は店側の黙認でアタリマエのように行われている。

たとえ運営責任のある経営者や店長がコンプライアンスを徹底しようとしても、サービスは男性客と女性がラブホテルで二人きり、という状況で提供されるため、濃厚な前戯に盛り上がった客が女性に本番を要求するのは定番中の定番で、慣れてない新人や気の弱い女の子はしつこい要求を断り切れずに本番を許してしまったりする。

また、客のあしらいに慣れている女性になると、「一万円プラスで本番しない？」といった店を通さない〝オプション営業〟をするのも日常茶飯事。指名を獲るためにお金を落としてくれる常連客とは無料で本番をする女性もいる。禁止されている行為ほど付加価値があり、店側が意図的に、もしくは女性たちが店に黙って本番を売り物に営業活動をしている。「口や素股より、本番した方が早くイクので楽」という女性も存在して、その活用方法は様々である。

非本番系風俗店での本番行為提供は、客に対して絶大な威力がある。女性たちは客にリピートしてもらうことを目的に本番提供しているに過ぎないのだが、その効果が大きすぎるがゆえに事件に発展することもある。別料金なしにデリヘル嬢が本番をさせたことによって客が勘違いしてのぼせ上がった挙句に、「風俗店に勤務していたことを元夫にばらす」「元夫に裸の写真を見せる」などと脅したとして脅迫罪に問われた元県立高校教師の男性の判決公判の様子を、産経新聞デジタル（二〇一四年一月一六日）が報じている。

その元教師は妻に先立たれた寂しさを埋めるために、通い始めた風俗店で被害者の女性と出会い、業者を介さずに会うようになった。もちろん女性の側は仕事として会っていたのだが、元教師は恋愛感情を持つようになる。そのうちに、女性から「主人と別れ、家計が苦しい」と言われると、一〇〇万円分の金品をプレゼントしたり、また別の時にも現金二〇万円を渡したりしていたという。

もっとも、こういう関係は長続きせず、女性が別れ話を切り出したところ元教師は逆上。相手の裸の写真をばらまくと匂わせた脅迫文を彼女に送りつけたことで逮捕されたのである。

結局、元教師には懲役一年六ヶ月、執行猶予三年の有罪判決がくだっている。性風俗は女性が男性に疑似恋愛を売る場でもあるが、このように本番という武器の使い方を間違えると、相手が勘違いして一線を越えてストーカーになってしまう危険性もある。客と肉体関係を持つ風俗嬢のほとんどが、一度や二度は客に執拗に付き纏われた経験があるという。しかし、この事件のように被害者が警察に駆け込んで表面化するのは本当に氷山の一角である。

本番を武器にして指名客を増やそうという風俗嬢には、身の安全のために「特別扱いはしているけど、決して本気の恋愛ではない」というギリギリの線を相手に理解させる技術が必要で、その意味で高いコミュニケーション能力が求められている。

生ビールマークと予約困難嬢

非本番系の店では本番行為が武器となるが、本番が基本サービスのソープランドになると、今度はスキンを装着しない「生本番」が大きな付加価値となる。

ソープランドの女性たちは店とは雇用関係のない個人事業主という立場のため、本番サービス時にコンドームを装着するか否かは、女性の裁量に任されている。かつては生本番OKという女性は六万円以上の高級店に多かったが、ソープランドの苦戦が続いているここ数年は、大衆店や二万円未満の格安店でゴムから生に転向する女性が増えている。ソープランドの人気泡姫の多くは、生本番を提供している女性であると言ってもいいだろう。

前述の通り、ソープランドは管理売春をしていない、女性と雇用関係はないという建前なので、女性が生本番を解禁しても、その情報をホームページにそのまま記載するわけにはいかない。そこで店側は、知る人ぞ知る「暗号」を使って生OKの女性を公開している。

もっとも使われている暗号が★印である。公式HPで源氏名の横に★印が付いているソープ嬢は、「ノースキンでもOK」ということである。「★」と「☆」の二種類を使い分けている店もあり、「★」の嬢はノースキンOK、「☆」の嬢はスキン着用だったりする。HPで★印を公開していない店でも、メルマガや会員専用HPで★印を公開している場合もある。

また、女性のプロフィールの部分に「生ビール」のマークがあることがある。「お酒が好きです」という意味ではなく、これも生本番でOKという暗号である。英語表記の店もある。NSはノースキンの略語として風俗関係では用いられるが、「〇Sオッケー」など、一文字を隠して使用されたりもする。

同様に「NN」は「生中出しOK」という意味である。★印の暗号は吉原のソープ店でよく使われ、他の地域や公表していない店でも、店員に直接訊ねれば大抵は教えてくれる。店も女性たちも欲しいのは指名で、繰り返し来てくれるリピーターである。不景気や「草食化」で男性たちの性風俗離れが進んでいるなか、店も女性たちも必死なのだ。

このように性風俗店での最高峰のサービスは生本番である。「予約困難嬢」と呼ばれる人気が集中している風俗嬢は、無償で生本番を提供しているケースがほとんどだ。地域では有名な人気店のナンバーワン、もしくはナンバーツーくらいまでが「予約困難嬢」に該当する。その予約を確保する困難さは凄まじく、前日の予約開始時刻と同時に何度電話をかけても、通話が殺到して繋がらないこともある。「お客様のおかけになった電話はたいへん混み合って……」とＮＴＴの音声案内が流れ続け、ようやく電話が繋がった頃には「申し訳ありません、埋まってしまいました」となる。

この傾向は非本番系店舗でも同じで、東京で最も人気があると言われている店舗型ファッションヘルスは、店に内緒で本番をさせてくれる女性が多いことで有名である。東京で一番の人気店のナンバーワンになると、月間指名数が三〇〇～三八〇本（ヘルス業界では人数ではなく〝本数〟でカウントするのが慣例）と驚異的な数字を叩きだしている。

予約困難嬢に詳しい風俗ライターは、こう語る。

「基本サービスに本番があるソープランドだけでなく、それ以外の非本番店でも異常に人気が集中している予約困難嬢がいます。ホームページに出勤予定が掲載されると予約の電話が繋がらないほど殺到して、一瞬にして埋まってしまう。リピーターが多すぎて予約の取り合いになっている状態です。

それだけ人気が集中しているってどんな美しい風俗嬢だろうと思ったりするのですが、

意外と外見は一般的で年齢も二〇代後半だったり、三〇代前半だったり、決して若いわけではない。なにが魅力かというとセックス好きで風俗嬢をして、サービスは無償の生本番で、明るくコミュニケーション能力の高い女性ってことがほとんど。強烈に濃厚なプレイになって、一度経験した客ははまってしまうわけですね」

生本番を提供して、セックスが好きで、コミュニケーション能力の高い女性はインターネットの掲示板などでその情報が拡散され、プレイをしたいという客が雪だるま式に膨れあがって予約困難となっている。

第二章　ビジネスとしてのデリヘル経営

1　デリヘルは儲かるのか

デリヘルのビジネスモデル

一九九九年に合法化されたことで、デリヘルが急増したのはすでに述べた通りだ。誰でも公安委員会への届出だけで無店舗型の営業を開始できるようになった。警察署に必要書類と届出書を提出して公安委で受理されれば、届出日の一〇日後には営業が可能になる。経営者や責任者に資格や経験が問われることはなく、未成年でなければ誰でも届け出ることができる。

合法化されたことで一般的なビジネスとしてカテゴライズされたため、当初は「一攫千金」を謳ったデリヘル起業の本がたくさん出版された。低コストで高粗利、究極の優良ビジネスなどという言葉が飛び交ったが、果たしてデリヘルは本当に誰でも起業ができて、儲かるものなのだろうか。

「デリヘルは本当に厳しい。素人が起業して利益を出すなんて夢みたいな話だよ。俺ももう撤退準備中、一年間で二〇〇〇万円くらい損をした。デリヘルは、もう一〇年くらい前から斜陽産業になっている」

苦しい表情でそう語るのは、激戦区・東京池袋でデリヘルを経営している山崎氏（四三歳・仮名）である。株とＦＸで利益を出し、それを元手に二〇一一年にデリヘルを起業したが、月次決算で一度も黒字を出すことなく撤退を決めたという。

「店舗がいらないので低資本で起業できるなんて思われているけど、広告費にとにかくお金がかかる。女の子の求人広告と営業広告をダブルで継続して出さなくてはならなくて、合わせて毎月一〇〇万～一二〇万円くらいは必要。さらにホームページを作るのに何十万円もかかって、維持費も高い。女の子の求人と営業広告の比率は三対七くらい。デリヘルはどこの街にも山ほどあるので、とにかくお客さんを摑まないとならないから」

山崎氏が運営していたのは価格が六〇分二万円の平均的なデリヘルで、女性とは折半。六〇分の客を一人つけたら、一万円が店の売り上げとなる。

「女の子の確保が大事だから一日三万円の保証を付けざるをえない。毎月、毎日の固定費があがっちゃって、とにかくキャッシュフローがうまくいかなくてね。営業広告の反響がでてきて客が多くなったと思ったら、今度は車が足りなくて車両費がかかる。地理に詳しいベテランとかプロに頼むと、二〇人出勤ならば五台で足りるけど、素人ドライバーになると五台では遅配がでてきてまわらなくなる。

だいたいデリヘルでドライバーをやるなんて人は癖があったり、指何本かなかったり、突然来なくなったりとかそんなのばかりだから苦労しているね。ドライバーは日給一万三〇〇〇〜一万五〇〇〇円くらいで、うまくまわらなくてタクシーを使うと、今度は経費がかかりすぎてお金が残らなくなる。一万円の売り上げの中から車両費とかドライバーの賃金、広告費、さらに女の子がスカウト経由だった場合は一五パーセントがスカウトバックでとられちゃうから、もうお金なんて残らないよね」

彼の話を補足しておこう。女の子の「保証」とは、女性に一日の賃金を保証する制度。せっかく求人広告費をかけて在籍してくれる女性を見つけても、お金にならないとすぐに逃げられてしまう。店は女性のクオリティーによって保証金額を設定して、仮に客がゼロだったとしてもその額を支払うことで女性を繋ぎとめている。もう一つ、「スカウトバック」とは求人広告経由ではなく、スカウトマンやスカウト会社経由で在籍女性を雇うことになった場合にかかる費用で、女性が売り上げた一〇～一五パーセントをスカウトマンに戻さなければならない。

「計算すると六〇分一本あたりドライバーの賃金が一三〇〇円くらい。それに電話を置いている事務所の家賃だの女の子の保証だの、スカウトバックだのってなって頭が痛くなってくる。例えば保証三万円の女の子が一〇人出勤すれば、絶対その日に三〇本はこなさないと大きな赤字になるってこと。一日三〇本っていえばそれなりにまわっている中堅どころのデリヘルだから。素人が起業してもキャッシュフローで負の連鎖が起こって損をするだけ」

儲かっているのは店舗型だけ

もう一人、二〇〇八年に行ったデリヘル経営者への取材もご紹介しよう。

新宿歌舞伎町のデリバリー回春エステを経営している館山氏（三六歳・仮名）は、連日昼一二時から翌朝五時まで働いている。事務所は歌舞伎町ラブホテル街の真ん中に立つ六階建ての古いマンションだった。２ＤＫで一室を事務所、一室を女性の待機所にしている。室内は台所があって冷蔵庫とテーブル、奥のベランダに洗濯物が干してあり、生活感の漂う空間であった。電話番として若い男性アルバイトを一人雇っている。

「電話を置く部屋と、女の子の待機所とで二部屋。テレビが一台あって、メシ食うテーブルがあって。あとは冷蔵庫とかテレビとか電子レンジとか生活に必要なもの一式。全部、中古で揃えたよ。ベッド置いて、女の子の講習もここですましちゃうしね」

待機所という右手にある扉を開けると、私服姿の二〇代前半の女性が五人ほど座ってテレビを観たり、退屈そうに携帯をいじったりしていた。予約が入ると女の子は館山氏に呼ばれて、指定された時間にホテルへと向かう。ホテル街の真ん中という立地なので自宅への出張はなく、プレイはすべて歌舞伎町の近隣ラブホテルで行っている。

――デリヘルは、まだ拡大しているみたいですね？

「真剣に儲からないよ。景気がよかったのはデリヘルが認められた当初、九〇年代の終わり頃の話だよね。その頃に始めた人たちは、確かにそのときだけは大儲けしたわな。

今はあまりにライバルが増えすぎたよ。デリヘルが多すぎ。本番すればリピーターばかりになるので、ある程度儲けも可能かもしれないけど、合法的にやろうとするなら経営者の才覚が問われる時代だね。ちなみに箱（店舗型）でもデリでも、とにかく本番に勝てるものはない。運悪く捕まったとしても初犯なら懲役六ヶ月（執行猶予三年）罰金二〇〇万円程度ですむから。運を天に任せて、本番に手をだして荒稼ぎする経営者も少なくないよ。

箱はもう作ることはできないでしょ。やりたいならば既存店舗を権利ごと買うことになるから、ソープなら一億円と言われても不思議ではないのよ。箱は歌舞伎町って街とその立地にお客がついているから、とにかく儲かる。うちみたいなデリヘルの軽く一〇倍は客入っているよ」

――電話予約してホテルで待つのは、店舗型と比べるとお客にとってハードルが高いですよね？

「それに箱だったらホテル代がいらないでしょ。お嬢の移動に時間がかからないし、客もその方が安心できる。ぶらりと立ち寄れるメリットがあるし。ちなみに今、歌舞伎町の店舗型回春エステはほとんど無届のもぐり。中国人とか韓国人が、摘発覚悟でやっている。それから受付型ね。受付所があって、プレイはホテルってパターン。箱には負けるけど、受付もあるとないとでは大違い。こちらも既得権益化して、新規に認可が降りることはないから権利は高額取引されている。売上のいい受付所だと権利だけで一〇〇〇万円以上は吹っ掛けられるよ。うちも受付所欲しいけど、高額すぎて手を出せないよね」

館山氏の無店舗型の回春エステは、インターネットで宣伝して電話で予約を取り、お客にラブホテルを指定して、そこに女性を派遣している。

――デリヘルって誰でも開業できるものでしょうか？

「簡単だよ。店舗型はさっきも言ったけど、莫大な資金がかかるわけね。デリバリーだったら、基本的にどこでも開業可能。極端な話、事務所は自宅兼用で、スタッフは自分一人、ＰＣと電話は自宅にあるものでいいわけで。東京だったら所轄の警察署に公安委員会宛の『無店舗型性風俗特殊営業営業開始届出書』を出して、事務所の図面、住民票とかを添付するだけ。届出費用は三四〇〇円だから、極端な話、三四〇〇円あればオープンできる。書類提出は簡単だったね。ただ事務所が賃貸の場合、二〇〇六年以降は大家の承諾がいるようになったから、借家の自宅で申請するのは難しい。そっち系専門の不動産屋に仲介して貰うわけ。うちみたいにラブホ街のド真ん中だと、送迎の手間が省けるから立地的には最高。このマンションは全室、どこかのデリヘルの事務所か待機所だよ」

――女性はどうやって集めていますか？

「それは一番大事、とにかく金がかかる。女性向けの求人広告で大手の紙媒体ならば一頁約三〇万円、大手のネット媒体ならば一件約五万円が相場で、これが日常的にかかってくる。資金繰りに余裕があるなら、何社か使って反応の鈍い広告は即切った方がいい。集客は無店舗型になるとポータルサイトへの営業広告と、ホームページが頼みの綱で広告に金を惜しむと客が集まらない。一店舗目の新規出店なら営業広告にも莫大な金額がかかるだろうね。要はリピーターのお客さんが増えるまで、女の子の求人と営業広告の出費にどこまで耐えられるかなんだよね。リピーターの率が多くなれば、もうまわるから宣伝はホームページだけでいい。広告費を減らしていけるわけ。新規出店だったら営業広告含めて毎月一〇〇万～一五〇万円くらい、リピーターが増えても毎月五〇万～七〇万円くらいはかかっちゃうんじゃないの。金がかかり過ぎるよね」

女性募集の求人広告の反響は、一日一～三人くらい。平均すると月二〇人くらいが面接にやってくるという。まず運転免許証や住民基本台帳カードで年齢を確認。年齢に問題のない女性を二〇人面接して、採用するのは多くて三人。過半数は風俗嬢として耐えうるレベルに達していないので断るという。

「いい子がきたら、とにかく『稼げる』を強調して、その日のうちに講習に持ち込む。気が変わらないうちに仕事に就かせる。これに尽きるよ。いい女のコは即決しないと他に取られちゃうから。ダメな女の場合は、名前と電話番号と住所だけ書かせて、世間話でもして『なにか聞きたい事ありますか』って聞いて、さっさと帰しちゃうの。『明日電話がなかったら御縁がなかったと思ってください』って。

だいたいね、デリヘルだと女の子はもって半年だから。稼げない女の子がぐるぐるぐるぐる都内の類似店をまわっているのね。他に移れば、そこでは新人扱いになるから最初だけはお客がつく。で、稼げなくなったらまた他の店に移るみたいな」

館山氏の店の価格は六〇分一万八〇〇〇円、それに三〇〇〇～四〇〇〇円程度のホテル代がプラスされる。女性は保証なしの完全歩合制で、売り上げの配分は六（女性）対四（店）としている。一人の客をつけると、店は七二〇〇円の売り上げとなる。事務所が歌舞伎町の真ん中にあり、車両やドライバーの人件費の必要がないというメリットはあるが、一日の客数はせいぜい一〇〜二〇人程度という。

売り上げの大部分は広告費で消える。館山氏は住み込みのような状態で、昼から朝方まで働かざるを得ないという。

およそ荒稼ぎとはほど遠い状態だが、これでも取材当時は「デリヘル起業」が話題となって過度期を過ぎたあたり、まだ多くの起業を考えている者の選択肢の一つに入っていた。リーマンショックが直後に起こり、東日本大震災がこの三年後にあったので、現在のデリヘルを取り巻く環境は当時より、さらに厳しくなっている。それは、先の山崎氏の話からもよくわかるだろう。

2 暴力団との関係はどうなっているか

暴力団との縁は切れない

売り上げを経費が超えてしまう負の連鎖から逃れられないうえに、暴力団という厄介な存在もある。現在はすべての都道府県で暴力団排除条例が施行されて、暴力団への利益供与は厳禁とされているが、いまだに切っても切れない関係にあるという。山崎氏の話。

「開業すると、ヤクザから営業電話がかかってくる。今でも性風俗関係はどこかしらの組に世話になるのが普通で、暴排条例を盾に断っているなんてところは本当に少ないと思うよ。彼らに支払う金額は、デリヘルで月五万〜一〇万円、店舗型で二〇万円とか。うちは五万円。どうして関係を絶てないかというと、ヤクザをシャットアウトすると、まず嫌がらせが始まる。架空オーダーとか、女の子が酷いことされたり、車潰されたり。一番多いのは架空オーダーで、組員が店にどんどん予約を入れてくるんだよね。本当のお客さんか嫌がらせかは、なんとなくしかわからないわけで、架空オーダーが止まらなくなると大混乱してまともな営業ができなくなる。地域にもよるだろうけど、少なくとも東京のほとんどの性風俗関係は今でもヤクザにお金を払っているはず」

各種広告、宣伝、車両、人件費、暴力団関係——様々な必要経費が多すぎることがデリヘル経営を圧迫している。利益をだすには各種広告や宣伝、スタッフの合理化が必要で、単独の一店舗での経営は成り立たないということになる。

「もう、だいぶ前から何十店舗と風俗店を束ねている大資本の一人勝ちだね。八〇年代とか九〇年代前半から店舗型をやって、無店舗にも事業拡大した人たちだけが儲かっている。経営者に相当な能力があって、長期の赤字に耐えられる資本がないと厳しい」

みかじめ料は生きている

館山氏は暴力団との関係をこう語ってくれた。

「地回りのヤクザが毎月電話かけてくるよ。いわゆる『みかじめ』ってやつね。集金だよ、集金。毎月何日って決まっていてお金を払うんだよ」

近くの雑居ビルに組事務所がある広域暴力団に毎月五万円を徴収されているという。

——バックにヤクザがついているってことですか？

「違うよ。ケツ持ちじゃなくて、いわゆるショバ代だね。なにかトラブルあってもヤクザになんて相談したら、お車代とかなんとか言って別途料金がかかるよ。デリヘルなんて儲からない仕事でヤクザになんて頼み事はできない。

うちは毎月五万円で、盆と暮れは倍の一〇万円。月頭に近所のコーヒーチェーン店に呼び出されて、手渡し。普通はね、暮れになると熊手とか門松とかもって来たりするの。それを強制的に買わされる。熊手がポピュラーだね。ストリップ劇場とか行くと、よく熊手がかかってるでしょ、あれは全部ヤクザが売主。昔は大抵、オシボリ屋がヤクザ関係で、みかじめの代わりにオシボリとか観葉植物をリースするって形でお金をとられていた。

うちの場合だとね、ただ強制的に現金を取られるからなんの経費にしていいのかわからない。使途不明金、欠損金扱いだよね。受領書みたいのはくれるよ。ヤクザの領収書はすごくて、紙切れに名前と金額が書いてあるだけだよ。『池田￥5000』とかね。そんなのなんの役にも立たないよね」

——要求を拒絶して払わないと、どうなるんでしょう？

「ヤクザが何人かで来て脅されるよ。みかじめ料を拒絶すると嫌がらせをするんだよね。事務所のドアに小便かけられたり、ウンコを置かれたりとか、客を装ってホテルで店の女の子をレイプするとか。噂はいろいろある。今は暴対法（当時）があるから、そんな無茶はしないと思うけどね。どこの店もそうだろうけど、変な嫌がらせをされないためにしぶしぶ払っている」

やっぱりヤクザは怖い

一九九二年に暴対法（暴力団員による不当な行為の防止等に関する法律）、二〇一〇年以降にさらに厳しい都道府県の暴力団排除条例が順次施行されて、一般市民が暴力団と接点を持つことはタブーになっている。暴対法には「みかじめ料の要求」「用心棒代の要求」が禁止行為に列挙され、みかじめ料の要求は違法となっている。

何人かの風俗店経営者に話を聞いてみると、大抵は警察に書類を提出して、営業を開始するとすぐに地元の暴力団から電話がかかってくるようだ。開業前に店側から挨拶に行かなければならない、ということはなく、勝手に向こうから近づいてくる。

暴力団は自分たちの利益に直接関わることなので、日頃から地元性風俗店の営業広告や女性の求人広告を隈なくチェックして、地元の性風俗絡みの現状を常に把握しており、新規開業の情報を察知すればすぐに電話をかけたり、訪問したりしている。暴力団の営業活動である。

すぐに毎月のみかじめ料の支払い要求となるが、本来は要求するのも要求に応じるのも違法である。しかし、暴対法や暴排条例を盾にとって拒絶しても、相手は暴力団。「はい、わかりました」となるはずがない。みかじめ料を要求された時点でＩＣレコーダーや隠しカメラなどで証拠を揃えて警察に被害届を提出すると、警察は「中止命令」または「再発防止命令」をその暴力団に出してくれる。しかし、警察がしてくれるのはここまでで、暴力団が警察の命令ですんなり諦めるということはなく、「暴力的要求行為」で立件が可能という大きな被害に遭わないと警察は動いてくれない。

組によって反応はそれぞれだろうが、まず営業妨害の嫌がらせから始めるようだ。暴力団への風当りが強い現在は、暴力的な被害を受ける可能性は低いが、最悪だと襲撃を受けるなども想定される。常套手段はやはり、山崎氏の話してくれた客を装っての架空予約による営業妨害である。

店は、暴力団と付き合うことは違法だし、お金に余裕もないが、身の安全と営業を妨害されないためだけに毎月渋々お金を支払っている、というのが実態のようだ。

支払わなければ脅されて嫌がらせ、支払えば社会的制裁のある違法行為と、どの道実害をこうむることになり、非常に難しい選択となる。運営する法人や個人の事業が性風俗店だけならば、要求通りに支払って波風をたてないのが賢明に思えるが、他事業を展開している法人や個人になると、みかじめ料の支払いは利益供与となって、「密接交際者」の烙印を押され銀行取引停止といった事態となる可能性もある。地域の性風俗店が払っているのに単独で拒絶して暴力団と戦うとなっても、ただでさえ厳しい運営に嫌がらせをされたら経営は成り立たない。

また、暴力団はみかじめ料をもらっているからといって、店で起こったトラブルを無償で解決してくれるわけではない。トラブルの深刻さ、被害の大きさによってそれぞれ異なる別途料金がかかってくる。こうして関係を深めてしまうのは、これまた明らかな違法行為だから、暴力団に頼みごとをしない店がほとんどである。

暴対法、暴排条例と規制を強化しても、性風俗店を中心としてまだ暴力団へ金銭が流れている実態があることから、各都道府県の警察は「不当要求防止責任者講習」という制度を設けて、風俗営業、飲食店営業、銀行、金融機関、証券業、建設業など暴力団から不当な要求を受けやすい事業者に対して無料で対応方法を指南している。制度の効果が表れて、事態が改善されることを願うばかりである。

3　どんな客が迷惑か

レイプは日常茶飯事

もうひとつ性風俗店での違法行為の定番として、男性客からの本番要求がある。男性客の多数が風俗嬢に本番を打診するようで、風俗嬢を三日もやれば必ず経験する。館山氏の話を続けよう。

――歌舞伎町の客は昔から「質《たち》がよくない」と聞きます。

「一番多いのは本強（本番強要）、レイプだね。本来は重い犯罪だけど、基本的に警察には連絡しない。事情聴取とかはめんどくさいから、そんなことしている時間がないよね。女の子がレイプされたら、その客は当然、出入り禁止（出禁）。電話番号を登録しといて、次回かかってきたら『今日はもうイッパイです』で断っちゃうってだけ。これで終了。何回かけてきても『今日はもうイッパイです』。三回続けばバカでも自分が出禁だと気付くでしょ？　ヤクザに頼むと出張代を取られるから、それはないかな。女の子には『ツイてなかったね』って慰めて終わり。そんだけ。あまりにも質の悪い客は、同業者の間で『手配書』がまわってくるよ」

テーブルから書類を漁って、一枚のファックスをみせてくれた。

最近エステ業界を中心に悪質なクレーマーが多発しています。

被害拡大防止の為にご報告いたします。

今年の一月末頃から都内のお店を対象に異常なクレームを付けて、入会金の返金や延長料金踏み倒し、受付型のお店では事務所まで押しかけてクレームをつける男の被害が出ております。以下、報告されている男の特徴と手口です。


【外見】

年齢は20代前半（23～25、26に見える）
体型は中肉で身長１７０センチ前後・色白・目つきは悪い。

【手口】


初回お店への電話の際に、やたらと女の子の特徴を聞いてくる。

一度切った後でも同じような質問をしてくる。

丁寧で優しい口調で聞いてくる。

一度はまともに使って次にクレームをいれる。

「ローションがしみる」「痛かった」など、一時間以上に渡ってしつこく色々なクレームをつけて電話担当を参らせる。

何種類かの名前と携帯番号を使用しているらしく、過去の同じ被害では「佐々木」「金子」といった名前を使用。

以上となります。

こちらで確認出来ている限り、2月25日（木）の時点で既に同様の被害が七件報告されています。お気を付けください。


——近隣の無店舗型の類似店で情報を共有して、悪質な客を街から追いだそうという取り組みをしているんですね。

「他にも、『女が気に入らないから金返せ！』とか、ドタキャンとか。出張したらドアを開けない、態度があからさまに横柄とか、べろんべろんに酔っているとか、ネチネチ質問が多いとかさ。

問題のありそうな客は、冷やかしなら『イッパイです』でお断り。大半は単価の低いお客さんかな。客が一〇人いたら、まず六〜七人は『料金をまけろ』って言ってくる。だから入会金とか設けてあるのね。『料金をまけろ』って言われたら、『じゃあ入会金はサービスしますんで』とか。もともと入会金なんて取るつもりないけど、割引要求の対策だよね」

大事にされる客とは

——逆に店側が大事にするお客さんってどんな人ですか？

「まず新規のお客さんは大事にするよ。ブスはまず付けない。最初にいい子つけないと、もう来てくんないからね。いい子つけるとリピーターになってくれるから。逆に来てほしくない客にはブスをつける。イヤな客に辞めて欲しい女の子をつけるって手もあるよ。とにかく一度来てくれた人に、また来てもらうってことが大切だから。店舗型だったら多少のお客さんを逃してもいいかもしれないけど、無店舗型はそうはいかない。だからやる気も経験もない、たいしたルックスじゃない女はどこでも面接で断られて弾かれちゃうはず」

暴力団のみかじめ料要求、経費削減のための長時間労働、悪質な客、高額な求人広告費、客のクレームや過剰な割引要求、短期間で店を転々とする女性たち——少し話を聞いただけでも無店舗型風俗店の運営は茨の道である。

ちなみに、館山氏は二〇一〇年に店舗を閉鎖。現在は老舗ソープランドの店員をしている。

4　警察との癒着はあるのか

警察との関係

不当な要求をされやすい性風俗店は、暴力団とは切りたくても切れない関係が継続しているのはわかったが、地域を取り締まる警察との関係はどうなっているのだろうか。店の存続にかかわる風営法や売春防止法の適用は、それぞれの警察の裁量に任されている。ソープランドや店舗型ヘルス、ピンサロ、ストリップ劇場などグレイゾーンの店や違法店は、いつ摘発があってもおかしくない、と戦々恐々としている業態であり、警察対策は必須と言われている。

一方、警察にはそれぞれの所轄に摘発のノルマがある。その達成のためにターゲットにしやすいのが性風俗店である。〝必要悪〟とされる性風俗店は「暴力団の資金源だから摘発した」などと大義名分をつけやすく、摘発したからといって市民から苦情が来ることはない。ノルマ達成という内部事情をクリアするための格好のターゲットとなっている。

「性風俗店やストリップ劇場、外国人パブの経営者や店長は、それぞれ警察対策はしています。一番ポピュラーなのは所轄の生活安全課の刑事を店で遊ばせることですね。外国人パブだったら無料で飲ませたり、抜きが好きな刑事には無料や女の子に支払うお金だけで遊ばせたりね。

それと署長が代わったときなどは、性風俗店から警察にお金が集まります。性風俗店や組合が、新署長にご祝儀の現金を渡している。都内にある大きな署だと署長が代わるごとに一億円以上集まったりするなんて噂までありました。それらのまとまったお金は何人かの幹部で山分けするようですね。最近は警察の内部監察が厳しくなって減ってきたけど、一〇年前までは性風俗店が署長にご祝儀を包むのは慣例化した常識でした」

そう語るのは、警察の事情に詳しい大手週刊誌記者である。

生活安全課の刑事は繁華街を歩いて情報収集することが仕事である。街の性風俗関係者と繋がりを持って情報を集めて、スケープゴートにしやすい悪質な店舗を摘発する。刑事と性風俗店は情報収集の段階で繋がり、オーナーや店長に誘われて無料で遊んだり、小遣いをもらったりといった親密な関係になっていく場合もあるという。

「店で遊ばせてもらったり、小遣いをもらったりする見返りは、情報提供です。末端の刑事が、それぞれの性風俗店に、摘発や内偵の情報を流すんですね。刑事も借りのある店には捕まって欲しくないから、知っている情報を流して逃がすわけです。所轄の刑事と性風俗店はもうそんなズブズブの関係で、情報が漏れていることがあるのは警察上層部もわかっている。だから、本庁の意向で本腰を入れて必ず摘発をするってときは、違う所轄が担当するのが一般的になっています」（前出・記者）

性風俗店と警察は情報交換をする密接な関係にある——。担当する生活安全課の刑事が捜査情報を得るために構築する性風俗関係者とのネットワークは、諸刃の剣と言えるだろう。

腐敗する担当刑事

二〇一四年二月八日付朝日新聞に「風俗担当ベテラン、捜査費詐取容疑」という記事が掲載されていた。埼玉県警のベテラン警部補（五四歳）が、捜査費詐取の疑いで書類送検されたことを伝えた記事である。この警部補は、違法風俗店取締りを担当する課のベテランで、風俗捜査歴は一〇年以上。「独自の情報源を持ち、課内でも一目置かれた存在」だったという。記事を一部引用する。

捜査関係者によると、警部補に対する捜査が始まったのは昨年七月ごろ。環境一課が内偵していた容疑者を警部補が自分の高級外車に同乗させているのを確認したのがきっかけだった。イタリアの高級ブランドのスーツを着るなど生活も派手だとの情報もあった。

捜査情報を提供する見返りに事件関係者から金品を受け取ったのではないか――。贈収賄事件の可能性も視野に、汚職捜査を専門とする捜査二課が投入された。だが、警部補らへの聴取や当時の捜査書類の精査などを進めた結果、汚職を裏付ける証拠はないと判断。その一方で浮かび上がったのは送検容疑となった捜査費の詐取だった。

警部補は（中略）主に「熊谷」を中心とした県北地域の取り締まりを担当。地元の風俗業界に通じた人物とパイプを持ち、摘発につながる有力な情報を得ていたという。その謝礼として多額の捜査費を渡していたとみられる。

こうした人物のなかには暴力団関係者もおり、「他の捜査員が付き合いを嫌がる『汚れ役』をやっていた」（捜査関係者）との見方もあった。このため、課内でも警部補は「余人を持って代え難い存在」となっていたという。

県費である捜査費の原資は県民の税金だ。県警内でも使い道は厳しく管理しているというが、今回のケースでは不正を見抜けなかった。

警察の担当刑事が性風俗店から金品や無償サービスを提供してもらうだけでなく、高級スーツを着て高級外車に乗り、生活が派手だった——となると、長期間に及んで相当な金額を性風俗店と警察の両方から得ていたと想像できる。

「警察の捜査には情報提供者に謝礼を渡すとか、飯を食べさせるとか、現金がかかるのは事実。この刑事は情報提供者に支払った形をとったり、架空の名前で領収書を作ったりしたんでしょう。刑事は性風俗店や業者からの裏金とは別に、警察の予算の中からも裏金を作ることができるんですね。それぞれの刑事が個人的にやっている場合もあれば、組織的にやっている場合もある。組織的に裏金を作って、それを署内の忘年会に使うとかね」（前出・記者）

埼玉の警部補は捜査費の詐取だけが事件化しているが、性風俗店との癒着は全国的にあまりにも大量の警察官が関わっているため、普段は揉み消されているという見方が事情通の間では根強い。

第三章　激増する一般女性たち

1　日本に風俗嬢は何人いるのか

計算してみる

第一章での試算では、日本の性風俗店舗数が一万三〇〇〇店程度と推計した。次は、日本に風俗嬢が何人いるのか考えてみよう。

店舗型は朝九時～夜一二時の一五時間営業で年中無休が基本。無店舗型は営業時間の規制がないので二四時間営業が多い。店舗型は午前中からの早番、昼からの中番、夕方からの遅番とシフトを決めて店を回していく。無店舗型は各人が申し出た時間に出勤させ、仕事が発生するまで待機をさせたり、電話連絡で直接仕事に向かわせたりと様々である。

店にとっては、在籍する女性が多いにこしたことはない。小規模店舗（地方ピンサロ、本サロなど）で一〇〜一五人、一般店（ファッションヘルス、デリヘルなど）で一五〜三五人、客の多い人気店（人気デリヘル、有名大衆ソープランド）になると三五〜六〇人くらいの在籍女性がいないと長時間営業に耐えられない。

必要な在籍女性の数は店の規模や知名度や人気によってそれぞれで、週一日のアルバイトもいれば週六日の女性もいて、複数店舗に在籍しているケースもある。在籍数は様々だろうが、小規模零細から人気店までひっくるめて在籍女性人数を平均すれば、おそらく二五〜三〇人程度で落ち着くのではないかと筆者は見ている。

この推定のもとに、計算をしてみると、

「日本の風俗嬢の人数＝一万三〇〇〇店（各種性風俗総店舗数）×二五〜三〇人＝三二万五〇〇〇〜三九万人」

ということになる。つまり日本に性風俗嬢は推定で三二万五〇〇〇人から三九万人程度いると言うことができる。

東京二三区の人口が九〇〇万人超、平均すると三九万人だから、東京都の一つの区と同程度の人数ということだ。現在、暴力団構成員が二万五六〇〇人（二〇一三年末）、弁護士が三万三六二四人（二〇一三年三月末）で、ヤクザや弁護士の一〇倍以上の風俗嬢が存在していることになろう。あくまでも風俗嬢だけの人数であり、これに常時六〇〇〇～八〇〇〇人いるとされるAV女優や、個人売春の女性を含めると、カラダを売って生きる女性の数はさらに膨れあがってくる。

ここ数年の熟女ブームで高年齢の風俗嬢も存在するが、やはりコアな層は俗にF1層と呼ばれる二〇～三四歳である。二〇～三四歳の女性人口は約一〇〇〇万人、風俗嬢人口が仮に三五万人とすると、この年齢層の女性の二八人に一人が風俗嬢ということになる。もちろん、これはすべてこの年齢層の日本人によって賄われているという前提での計算だから、実際にはもう少し割合は下がるだろう。

就職は結構難しい

二八人に一人というと、大雑把に言えば学校のクラスに一人、風俗嬢がいるという計算になるが、これはあくまでも現役風俗嬢を特定の年齢層の人口で割った数。潜在的な就業希望者も含めるとさらに膨れ上がる。現在は求人サイトに広告を出せば働きたいという女性がやってくる一種の買い手市場になっているため、裸になると腹をくったからといって誰でも就業できるわけではない。面接では、それぞれの店のレベルに達していない相当数の女性たちが断られている。以前、身近な性風俗関係者に「一〇人面接に来たら、何人くらい採用？」という質問をしたことがある。

「求人で面接に来た女の子で採用するのは一〇人中、せいぜい三人くらい。外見で売り物になりそうなのが一〇人中四人、外見はよくてもコミュニケーション能力が低かったり、精神的に病んでいそうな女性は落とすから、それで三人。稼げる人気店はもっと厳しい。うちみたいなそんな稼げない普通のデリヘルはどこもそれくらいじゃないかな」

（池袋のデリヘル店長）

「二～四人。半分以上は使えないレベルがくる。採用しても決められた日に来なかったり、時間通り来なかったりって女の子はすぐ断っちゃう。最終的に残るのは一人くらいかな」（歌舞伎町のデリヘル経営者）

「総額五万円以上の高級ソープや、六〇分二万五〇〇〇円以上とるデリヘルの採用は本当に厳しい。若い女の子は募集すればいくらでもくるから、容姿は誰が見てもいいというレベルで、胸はCカップくらいないとまず採用されない。高級店では採用されても太

って体型が変わったりしたら、すぐに解雇される」（風俗ライター）

風俗嬢になりたくてもなれない女性が年々、増えているのだ。採用状況を聞いていると、働きたい意思はあっても採用されない女性が、現役風俗嬢の人口と同程度は存在しているというのが筆者の実感である。仮にそうだとすると、現役風俗嬢に、働ける場があれば働きたい風俗嬢志望者を含めると、先の年齢層の一四人に一人という驚愕の数値になってくる。さらに今は風俗嬢はやっていないが、以前に働いたことがあるという経験者までを含めると、もっと増える可能性もある。

性風俗店で働く、働いたことがある、また働きたいと思っている女性の数は予想以上に増えている。「私には縁がない」などと思っている人でも、家族や同僚、職場の関係者、学生時代の同級生、近隣などなどの人間関係のどこかを辿っていけば、現役風俗嬢や経験者、志願者に行き着くはずである。

2　女子大生はなぜ風俗嬢を目指すのか

地方出身の女子大生が多い

女性が性風俗で働く、働きたいと思うキッカケは、まずは経済的な理由である。

全国一二六人の風俗嬢にアンケート調査した『風俗嬢意識調査――126人の職業意識』（要友紀子・水島希著、ポット出版）によると、〝自分の借金〟〝こづかい、遊び〟〝貯金〟〝生活のため〟〝他人の借金〟〝生活苦〟〝他人の生活苦〟など、経済的理由を挙げている女性が八五・七パーセントになっている。このような結果を見て短絡的に「そんなにブランド物が欲しいのか、けしからん」と怒る人もいれば、「訳アリの可哀想な子に違いない」と同情する人もいるだろうが、いずれも現実をまったくわかっていない。

経済的理由で仕事をするのはどの仕事でも同じである。どんな仕事に就く人も「キッカケはなんですか？　働く理由はなんですか？」と訊かれれば、経済的理由が八割を超えてくるのは当然で、働く人のほとんどはそうではないだろうか。

お金のために働くのは当然であるはずなのに、こと性風俗となると人々の反応は突然ズレてくる。「極めて特別な理由があって生い立ちや環境が不幸な女性が、やむを得ずにカラダを売っている」「極端に派手で遊び好きで、どうしようもない消費好きな女性が身を落としている」といった認識がいまだに根強い。特にこうした認識を持つ人は四〇代以上に多いように思う。

確かに九〇年代まではそのような特別な理由がある女性が目立った。後者のイメージについていえば、実際に濡れ手で粟の大金を手に入れた風俗嬢たちが派手に消費をしていた。しかし二〇〇〇年代から現在に至っては、風俗嬢の性質は大きく変わっている。

一般女性が普通の仕事として性風俗を選択し、さして疑問を抱くこともなくポジティブに働いている――これが現実だ。収入については改めて触れるが、低価格化と客の減少傾向がとまらない中でブランド物などに浪費できるような風俗嬢は、ごく一部の勝ち組の層だけである。

ここで、「いきなり風俗嬢になる前に、ホステスやキャバクラ嬢など水商売の道があるのでは」という疑問を持つ読者もいるかもしれない。確かに、そういう選択肢も存在するのだが、必ずしもホステスやキャバクラ嬢が、最善の手とはならないのである。まず、大前提としてそれらの商売では、ある程度酒を飲めなくてはならない。当然、未成年は原則として就業不可能である。

さらにそれらは、勤務時間が深夜にまで及ぶので、学生や兼業者にはハードルが高い。また、風俗嬢以上に高い会話能力などが求められる。しかも不況の影響で、有名な高級クラブですら経営が厳しいという。一般に水商売で稼ぐのは、風俗嬢よりも困難だと言える。

性風俗店で働くことには、わかりやすいメリットがある。一般的な仕事より単価が高くて時間の融通が利く、そして日払い制度ですぐにお金になることにある。経済的理由が八割以上を占めるのは当然として、空いている時間に働けることで、学生や社会人、主婦を含めた女性のあらゆる層を取り込むことに成功している。また、採用から給与支払いまでがスピーディなことも、緊急を要する金銭的事情に対応できるため魅力的だろう。

そして、今、アルバイトや副業として風俗嬢をしている女性の属性として最も目立つのが、現役女子学生である。

その多くは一人暮らしをしている地方出身の大学生や専門学校生で、授業終了後に時間の融通が利きやすいデリヘルを中心にファッションヘルス、ソープランド、ピンサロ、SMクラブ、裏風俗などなど、あらゆる性風俗店に在籍している。地方出身の女子学生は性風俗店だけでなく、AV女優、個人売春などでも目立つ存在だ。女子大生の場合、在籍大学の偏差値の高低や、男性経験の豊富さ、性格が地味か派手かもまったく関係ない。共通しているのは学生生活を維持するためのお金に困っているということだけである。

「毎年四月、五月は求人を見て働きたいって応募してくる一、二年生の女子大生は多いよ。うちはコスプレ店なので現役学生は売りになるからね。話を聞いていると地方出身の女の子が七割、自宅通いが三割くらいかな。大学生になって一人暮らしを始めたけど、仕送りは少ないし、親も大変だから頼れないし、とにかく生活に困っている、普通のアルバイトだけで生活費を稼ぐのは無理って理由が多いな」

池袋にあるコスプレ系デリヘル店長は、そう語る。これまでにこの店で働いたことのある女子大生たちの大学名を聞いてみると国公立、東京六大学、青山学院、中央など、難関大学の学生ばかり。経済的な心配をしないで学校の授業に出席するため、普通に学生生活を送るため、三年以降は就職活動ができるように今から貯金したいなど、勉強や就職のためにカラダを売るというケースが増えているという。

学業との両立

多くの女子学生は学業と生活の両立を図るために、性風俗に足を踏み入れている。実際の女子大生兼風俗嬢の話を聞いてみよう。取材対象は高収入求人サイト、現役風俗嬢、非営利法人をとおして紹介してもらった。取材時に現役女子大生には学生証、社会人には名刺を見せてもらっている。

「風俗に勤めていることを晒している学生は誰もいなかったけど、少なく見積もっても地方出身で一人暮らししていて、学校にちゃんと通っている七、八人に一人は確実にしているはず。誰でもできる仕事じゃないから、それなりに可愛い女の子に限定すれば三人に一人くらいかもしれない。地方から勉強しに来ると本当にお金がかかるから、真面目に勉強したい、ちゃんと就職したいって女の子ほど風俗を選択するから」

そう語るのは慶応義塾大学卒で、現在は某一部上場企業に勤める柴田真奈美さん（二四歳・仮名）である。柴田さんは北海道出身、慶応義塾大学二年生のときに吉原のソープランドに入店。柴田さんは四年生の春までソープランドで働いた。三年生の後半から就職活動をして希望の企業に就職している。

親は進学時に家庭の経済状況を理由に地元の国公立大学を薦めたが、「学費も生活費も自分で払うから、慶応で勉強したい」と半ば強引に上京した。上京当初は塾講師や飲食店などいくつものアルバイトを掛け持ちして生活を支えていたが、それらのアルバイトではどんなに頑張っても稼げるのは一五万円程度。学校に行きながら家賃、学費、生活費を稼ぐのは無理だった。二年生前期の授業料は親に泣きついて払ってもらい、二年生の春から吉原の総額六万円の高級ソープランドで働くようになった。

「なんとかなると思って勢いで大学を決めちゃったから、奨学金はもらってない。借金するのもこわいしね。今、地方は本当に不景気だから、親が大学に行った子供の金銭的な面倒を見るのはほとんどの家庭で不可能ですよ。東京の大学に進学したってだけで自立しないと生きていけない。学費を自分で払っていかなきゃならない学生は、大学四年間でどうやって稼いで、どうやって卒業するかってシビアな現実を突きつけられている。いろいろ調べたり、考えたりしたけど、私の場合、最終的な答はカラダを売るしかなかった」

全国大学生活協同組合連合会による「学生生活実態調査」によると、二〇一三年の大学生への仕送り平均月額は七万二二八〇円。七年ぶりに増えたとはいえ、ピークだった一九九六年の一〇万二二四〇円と比較すると三〇パーセント減となっている。東京二三区のワンルーム家賃は六万～七万円程度で、親元を離れている大部分の学生は生活費をアルバイトで賄わなければならない。長期に及ぶ不景気によって親の平均世帯年収は下落の一途で、文部科学省の二〇一二年度「学生生活調査」によると、親からの仕送りのみで就学が可能な大学生は三三・七パーセントしかいない実態が明らかとなった。

苦学生などという言葉こそあったものの、四〇代、五〇代の人たちが学生時代だった頃よりも、今のほうが学生の生活は厳しい。経済的な問題が、多くの地方出身の女子大生たちを性風俗へと向かわせる原因となっている。

前出のデリヘル店長は、この一〇年で風俗嬢たちの質が大きく変貌したという。

「店で同年代の友達もできるし、ほとんどが楽しそうに働いているよ。風俗の仕事は完全出来高制で日払い、頑張ったぶんがすぐにお金で評価されることもモチベーション向上に繋がっている。

裸になって性的サービスをするんだから、今まで田舎で普通に高校生をしていた女の子は、さすがにある程度覚悟をしていても最初びっくりするみたい。けど、大抵は何日かやれば慣れちゃう。女の子は環境に慣れる柔軟性があるからね」

「本当にありがたい仕事」

鈴木梨子さん（二〇歳・仮名）は神戸大学法学部の三年生。年齢よりも幼い雰囲気で黒髪。清楚で、礼儀正しく、現役風俗嬢であるとは微塵も感じさせない。真面目な女子高校生のようなイメージである。

鈴木さんは東北地方にある偏差値七〇台の公立進学校を卒業し、神戸大学に進学している。神戸市の大学近くで家賃四万円のアパートに一人暮らし、二年間の授業は皆勤。二年生の夏休みから三宮にあるファッションヘルス、そして専門課程になった今春から福原のソープランドで働くようになった。

「一年生のときは、家庭教師と塾講師と携帯販売の仕事を掛け持ちでしていました。家庭教師も塾講師も時給一五〇〇～一八〇〇円くらい。週五、六回働いても一二万円くらいにしかならなかった。公務員試験を受けようと思っているので授業は最優先、かなり無理をしてもそれくらい稼ぐのが限界ですね。風俗を始めたのは、やっぱり親になにも頼れない環境で大学生をしているから」

鈴木さんの家庭は、小学生のときに両親が離婚したため母子家庭で生活保護を受給していた。高校は公立、大学進学に関しては受験料から学費、生活費まで親の援助は一切ない。

厚生労働省によると、生活保護の被保護世帯数は二〇一四年二月に一五九万八八一八世帯、受給者数は二一六万六三八一人となっている。経済的自立を強いられる大学生は激増状態にある。

「家は貧しかった。食事が白菜だけとか。母親はいい加減な人で、嫌いですね。早く家を出たいなとはずっと思っていて、地元じゃなくて、どこでもいいから遠い大学に進学しようって高校一年生の段階で決めていました。親にまったく頼れなくても、国立大学には授業料免除の制度があるので進学が可能です。実際、必要なお金は免除されない分の受験料と引っ越し代金くらい。合格したら家庭の収入を証明する書類をつけて申請して、大学側が予算に応じて誰にするかを決めていくって制度です。だから親に頼れない私立の学生ほど厳しくないけど、やっぱり普通のアルバイトだけだとギリギリの生活するために仕事に膨大な時間が割かれる。勉強する時間も欲しいし、どうしようって考えて風俗しかないかなって」

高校時代は進学校の中でも優等生で、男性経験は二人だけ。性風俗についての知識は皆無に等しかったが、大学に通うためにはこれしか道はないと高収入求人サイトで仕事を探し、三宮にある店舗型ファッションヘルスで、すぐに働くようになった。出勤は週三回、平日は学校が終わった後の遅番、日曜は昼番で出勤していた。四〇分一万三〇〇〇円、雑費を引かれて一人につき六〇〇〇円の収入となった。三年生の春から働いているソープランドは一二〇分総額四万五〇〇〇円の高級店で、一人につき二万円の収入となる。

「授業のある平日は二本、土日は三〜四本くらいですね。ヘルスのときは月収三〇万〜四〇万円、ソープの今はたぶん五〇万円くらいかな。四年生になったら時間を公務員試験の勉強にあてたいから、貯金をしようと思って先月から福原のソープに転職した。稼ぐには、単価の高いソープの方が合理的ですから。風俗の仕事はそれなりに楽しいし、全然苦痛じゃないです」

鈴木さんは笑顔で、大学とソープランドを行き来する日常を語る。ファッションヘルスもソープランドも回転数の高い店舗型を選び、お客のつかない待機時間は少なく、〝合理的〟に稼いでいる。週六回働いていた一年生のときと比べると、学生生活を維持するために必要なお金を稼ぐための労働時間は激減した。

「本当にありがたいし、風俗嬢になってよかったとしか思えない。風俗がなかったら大学生を続けることは不可能だったと思う」

風俗で働くことによって経済的な心配がなくなり、しっかりと勉強ができる環境になったという。

理由は親の収入減

山崎美紀さん（二六歳・仮名）は、千葉大学大学院修士課程に在学中である。童顔で年齢より幼くみえる可愛らしい女性で、バストはEカップある。現在は大学近くに一人暮らしをして、千葉市栄町のデリバリーヘルスに勤務している。大学院の授業やゼミが終わってからの平日勤務、主に遅番～深夜で出勤している。

「国立大学は全国から学生が集まっているから、一人暮らしとか寮から通っている学生が多い。私が風俗を始めたのは大学院からだけど、栄町のキャバクラとかソープには大学生がたくさんいますよ。学部も院も勉強はそれなりに厳しいし、ちゃんと学校の勉強をしようと思ったら働ける時間は限られる。時給八〇〇円とか九〇〇円の普通の仕事で生活ができればいいけど、仕送りが少なかったらやっていけない。

大手企業に就職したいとか、総合職の試験を受けて国家公務員になるとか、目的があるとアルバイトに長い時間を割くわけにはいかないんですね。千葉駅の近くに大きな風俗街があるし、たくさんの女子学生が風俗に走るのは自然の流れだと思う」

学部時代は東京の実家から通っていた。デリヘルで働くようになったきっかけは、就職活動をやめて大学院に進学を決めたから。就職を希望していた親との話し合いで「大学院では奨学金を借りる。援助は受けない」となり、大学卒業と同時に一人暮らしを始めている。

「ずっと教員を目指していて小学校の先生になりたかった。ただ、教育実習で見た小学校の内部が閉鎖的で幻滅した。思ったより、先生たちの上下関係が厳しすぎるし、規則とか建前でがんじがらめ。精神的に病む先生が後を絶たない状況がよくわかった。私の場合は実習担当の先生にイジメられたのも大きくて、実習中に毎日理不尽なことで怒られたり、ガミガミ言われ続けて本当に嫌になった。なにするにも誰に指示を仰げって繰り返し言われて、自分の判断は一つも入れてはいけなかったんですね。そういう仕事は嫌だなって。指示待ち人間だったらうまくいくだろうけど、自分には向いていないと思った」

ワンルームマンションの家賃は月五万円、学費は年間五二万円。有利子の奨学金は月八万円で、生活費に月一五万円は稼ぎたかった。学部時代は家庭教師と宅配便の仕分けのアルバイトをしていたが、合わせて一一万円ほどにしかならない。もう少し稼ぎたいと思ったとき、性風俗が浮かんだ。大学卒業直前の二〇一三年のことである。

「私、小学校の頃から兄に性的虐待を受けていたんです。七歳から一四歳くらいまで、夜になると兄が部屋に来て胸とかアソコを触るんです。七、八年間、ずっと日常的に頻繁に続きました。自分が物みたいな感覚になる、私って肉の塊だなって。誰かに物みたいに扱われるのが嫌だった。だから子供の頃は男性とはずっと距離を置いていた。

だから、初体験は去年ですよ。ゼミの飲み会で酔った勢いでエッチをしちゃって、ずっと嫌悪感はあったけど、別にやろうと思えばセックスできるんだなって。大学院に行くし、もうちょっと稼がなきゃならないし、処女じゃなくなったし、風俗でもやろうかなって。普通に学費を払って生活するためって理由だけど、半分は興味本位ですよ」

厚生労働省が発表した児童虐待相談対応件数は一九九〇年度に一一〇一件だったものが、二〇一二年度には六万六七〇一件と激増している。また、二〇一三年の児童虐待事件の検挙件数は四六七件（警察庁発表）で、そのうち一〇三件が性的虐待という。一概には言えないが、性的虐待を経験した女性は、性に関する感覚を狂わされてしまうことがあるようだ。

彼女が勤務しているデリヘルは、七〇分二万円。収入は一本一万円で、週三回授業やゼミが終わった後に出勤して、一日二人平均でサービスをする。給与は日払いの現金で支払われるので日給二万円、大学院に通いながら月二五万～三〇万円程度を稼いでいる。

「私はたいして稼いでないので、家賃と学費を払って普通に生活しているだけです。時給一〇〇〇円の仕事だったら二〇時間分が二時間程度で稼げるって思うと、少々のことは耐えられますよね。仕事は嫌でもないし、楽しくもない。物みたいに扱われるのが嫌だった、といっても仕事になればなんとも思わない。生活のために普通に働いているだけですよ」

大学院卒の企業求人は少なく、一年後就職できるかはわからない。山崎さんはこのまま風俗嬢をしながら博士課程に進学するか、妥協してでも就職活動をするか、まだ迷っている最中である。

普通の女子大生が普通の仕事として性風俗を選択して、疑問を抱くことなく働いている。前掲の「学生生活実態調査」では、「家庭の経済状況に大きく影響を受けている」と分析しているが、〝大きく影響〟を具体的に解釈すると、〝性風俗などで働く女子学生が激増している〟ということになる。

男性に売れるレベルの容姿、体型、素人っぽさを持っている地方出身の一人暮らし、そして仕送りが平均より少ない女子学生に限定をすると、「（条件適合者の）三人に一人くらい」が性風俗をしているという慶応義塾大学出身の柴田さんの言葉も、大げさではないように聞こえてきてしまうのだ。

東大生も働いていた

もう四年ほど前になるが、高収入求人サイトの掲示板に書き込みをしている女性の取材中に、東京大学卒で現役教員の女性に遭遇して驚いたことがある。水野由美子さん（取材当時二六歳・仮名）は、教員歴三年目。大学在学中にＳＭクラブ、デリヘル、ソープランドに在籍した経験があり、教員になった現在も、性風俗とのダブルワークができないかと掲示板で店を探しているようだった。

「セックスが好きというか、性欲が強いのかな。風俗に偏見とかなくて、偏見どころか気になってしょうがなかった。求人サイトをいじって、なんとなく応募しちゃって、そのままハマるのがこわかったので夏休みだけって決めたのがきっかけ。小学生のときから誰かに犯されるとか、ハダカにされて恥ずかしい状態とか、そういう想像を年中していました。小学生の頃からいろいろ習い事をしていて、水泳、書道、そろばん、学習塾、あとお花かな、毎日なにかある。絶対にオナニーしてから習い事に行くみたいな」

小学校四年から中学受験塾に通い、偏差値は最初から圧倒的な上位だった。偏差値は常に七〇を超えて、ほとんどの模擬試験では全国トップクラス。最難関といわれる某女子中学に進学している。

「初体験は十六歳。遅い。どうしても処女を捨てたくて、一度だけ地元の知り合いとエッチをして、高校時代はそれっきり。やっぱり超進学校だから、勉強が忙しくて恋愛どころじゃなかった。私だけじゃなくて、みんなそうだったと思う。一番勉強ができる人たちが集まるから、みんなガッチガチでした。高校時代は、エッチは一度きり。あとはオナニーだけ。次にしたのは大学に入ってから。高校二年、三年のときは最終的に睡眠三時間で、一日一七時間とか勉強して、他のことをするのはとても無理でした。勉強しないと上位をキープできないし、中学生のときから東大に行こうと決めていたから頭の中には勉強のことしかないわけです。東大に行きたかったのは、そういう環境だったし、まわりに負けたくないから」

大学入試センター試験はほぼ満点、現役で東京大学に合格している。

「大学では初めて彼氏ができた。今まで経験は一〇人くらい。その場限りはなくて、彼氏になった人に激しく求めちゃうみたいな。はじめは普通のエッチだけど、慣れてくると、コスプレしたり、露出行為をしたり。視《み》られるのが好きで、ハダカになって股を開いてずっとバイブを使われているとか。バイブのオナニーを彼氏に視てもらったり、そういう少し変態な行為が好きかな。

東大では別に友達できなかったし、サークルとか部活とか興味ないし、たいしたことはしてないですね。二年のときからどうしても性風俗店で働きたくて、夏休みに働くようになった。SMクラブで女王様、デリヘル、ソープランドってやりました。風俗は楽しかったですね、全部。だから教師になって法律的にも倫理的にもまずいけど、またこうして風俗のバイトを探しちゃってる」

地方公務員なので兼業は法律で禁止されているはずだが、バレなければいいという感覚である。

金銭的理由だけでなく、水野さんのような興味本位に近い動機の女性もいる。このようにルートは様々だが、風俗嬢を経験した大部分の女性は、「刺激のある楽しい仕事」と語る。完全出来高制なのでお金によって正当な評価をされることや、時間的に融通が利くことが魅力になっているのだろう。業務内容を別にすれば「完全な成果主義」であり、「フレックスタイム」だから、若者の憧れる働き方に極めて近いとも言える。

そのため就職後も足を洗い切れない女性も珍しくない。大学時代に性風俗という仕事に出合って、社会人になってからも副業として継続したり、会社を辞めて居心地のよかった性風俗に出戻ったりする女性は意外と多い。

3 なぜ介護職員は風俗に転職するのか

介護職員は性風俗に走りやすい

繰り返すが、風俗嬢は完全出来高制で、基本的に働き方は自由である。無店舗時代になって二四時間営業が珍しくなくなると、さらにその〝自由〟の幅は大きくなってきている。性風俗が専業で複数店舗の掛け持ち、キャバクラやAV女優など他業種との掛け持ち、そして一般的な生業がありながら掛け持ちをするダブルワークの女性も大勢存在している。

筆者の見立てとしては、専業者が六割、兼業者が四割という比率である。兼業女性の事情は様々だ。「生業だけでは生活費が足りない」「遊ぶお金が欲しい」「風俗だけで稼げるなら専業にしたいができないだけ」「家族や彼氏に隠しているのでアリバイとして生業が欲しいだけ」「風俗だけでは将来が心配」「気まぐれに生業と風俗を行き来している」等々。

兼業女性の中で、これまで目立っていた職業は看護師、飲食店員、アパレル店員、美容師だった。また、六割が貧困レベルの生活を強いられていると言われるシングルマザーが多いのも特徴である。

性風俗に目立って人材を輩出している職業には、他業種と比べてなにかしらの深刻な問題を抱えていることが多い。看護師は命を預かる責任の重さが常につきまとううえに、女性ばかりの職場における人間関係で過剰なストレスを抱えがちだ。飲食店員、アパレル店員、美容師などのサービス業従事者の多くは低賃金であり、その収入だけでは人並の生活が出来ない。

そして二〇〇〇年代後半以降、急激に増えているのが介護職員である。

全国各地で施設の介護職員や訪問介護員、ヘルパー二級や介護福祉士、ケアマネジャー（ケアマネ）の資格を有する女性が、今まで目立つ存在だった看護師や飲食店員、アパレル店員や美容師を抑えて、カラダを売る仕事に大量流入している。

「三年くらい前からサイトに募集広告をだすと七人か八人に一人くらいは、介護をしているって子が来るよ。給料が安くて一人暮らしなので苦しい、みたいなことをみんな言っているよね。でも介護の子は時間が限られていて、玉《タマ》（外見）があまりよくないでしょ。断っちゃうことが多いよね。たまに介護している子が稼げちゃうと、介護の仕事を辞めてこっちが本業になるかな」（東京錦糸町デリヘル経営者）

介護職員は、シフト制で時間が不規則な仕事である。資格試験の受験に三年以上の実務経験が必要な介護福祉士以外は、時給計算の非正規雇用が一般的で、フルタイムで働いても月収は一五万～一六万円にしかならない。親が低収入で仕送りの少ない地方出身の女子学生と同じく、普通に生活するのも厳しい金額である。正規雇用の介護福祉士になっても、月給は手取りで一九万円程度。生活が厳しいうえに将来性のない、離職率の極めて高いワーキングプアの筆頭職種となっている。

介護福祉士兼業者の話

小沢瑞樹さん（三三歳・仮名）は東京新大久保のファッションヘルスに勤めている。

「もう、風俗はどれくらいやっているのかな、八年くらいじゃないの。普通の職に就かないのは、まだ風俗でやっていけるから。ダメになったら介護に戻るから。特養（特別養護老人ホーム）で三年間常勤をやっていたから、介護福祉士（の資格）を持っているのね。でも特養は腰を悪くしたから、資格とってすぐ辞めた。結局手取り一六万円が続いて、介護福祉士とってから一八万円まで上がったのかな」

小沢さんは大学卒業後、消費者金融や保険会社などに勤めたが、ノルマが厳しく会社はすぐに辞めてしまっている。二四歳のときにヘルパー二級を取得して、特養老人ホームの介護職員として落ち着くことになった。

「大学時代からキャバクラとかやっていたけど、消費者金融と保険会社に就職したときは厳しかった。貸付ノルマのために頑張りすぎて、プレッシャーに負けて辞めちゃった。保険会社では水商売のお客さん引き込んで契約させたりしたけど、きつくなって。結局、介護職員になった。

都内の特養で仕事は楽だったけど、家賃六万円のアパートで一人暮らしをしていたからお金が足りない。キャバクラ時代の客からお金を引っ張って、毎月五万円くらいお金もらっていたりしたけど、地味な生活でしたね。特養の給料だけでは地味にしても暮らせないから、働きながら、入居者とか入居者の家族とかの誰かから金を引っ張れないかな、とか考えていたよ。入居者の独り者の息子と付き合ったりして、いくらか金引っ張れたので三年間続けることができたのね。

　腰を悪くして特養を辞めた後は、売春専門。なんでもやったよ。介護福祉士の資格を持っているから需要はあるんで、風俗とか売春がダメになったら介護に戻る。あと二年実務経験を積めばケアマネ（介護支援専門員）の受験資格ももらえるので、ケアマネになろうかなとも考えている」

　介護職員は、安月給で生活できない悩みから副収入の手段を探り、風俗の世界に足を踏み入れることが多い。全国的に人手不足の介護施設は、国家資格である介護福祉士を取得していれば、いつでもどこでも採用される。性風俗がだめになっても介護があるから大丈夫という保険があるので、大胆な行動がとれる。ダメになったら介護に戻ればいいという安心感が、性風俗の世界に積極的に向かわせるのである。この場合、介護業界のほうが「セーフティネット」として機能しているということになる。

現場主任兼AV嬢

星野宏美さん（三五歳・仮名）は介護老人保健施設の現場主任。夫と二人の子供がいて現在は育児休業中だ。休業中の時間がもったいないのでAVデビューするという。筆者はたまたま居合わせた、あるAVの宣伝写真撮影の現場で彼女に出会った。「今は介護関係で働いている。介護の前はソープやっていた。旦那はなにも知らないよ」というので、その場で時間を作ってもらって話を聞いた。

「旦那は今年一月から大阪に単身赴任。今、私は育児休業中です。旦那と結婚したのは三年前、子供は三歳と八ヶ月の男の子がいる。地元で預けられる人もいないので（東京に）連れてきちゃいました。今の介護老人保健施設は二年前からで介護福祉士を持っているので一応正規採用だけど、給料は手取りで月一六万円くらい。安いですね。また風俗も復帰しようと思っているんだけど。AVに応募した理由は住宅ローンです。夫婦合わせて毎月一五万円も支払いがあって、どうしてこんな無茶なローンを組んだの、って今さら思っている」

特養老人ホームでは介護職員、小規模デイサービスでは管理者兼生活相談員として勤めたこともある。現在も現場主任で定期収入もあり、夫の年収も六〇〇万円以上あったことから、長男の出産にあわせて夫婦共有で四二〇〇万円の一戸建てを購入してしまった。ところが夫の会社は業績不振からボーナスがなくなったうえ、彼女も職場の人間関係の悪化から転職をしたため年収が下がってしまった。

子育てはそれなりに忙しいものの、住宅ローンをなんとかしなきゃとネットの高収入サイトを眺めるようになった。介護老人保健施設に復帰する四ヶ月後までは熟女AV女優として稼げるだけ稼ぎ、職場復帰後は休日に性風俗店でダブルワークをしようという計画である。

「旦那はもちろん知らないけど、新卒で就職した特養を辞めた後にしばらくソープで働いていた。だから、そんな重い決意みたいなのはなにもないかな。

福祉専門学校を卒業して、社会福祉法人の特養に新卒で入ったのね。新しい施設だったので職員五、六人で入居者五〇人、夜勤は二人で入居者五〇人くらい。介護保険制度が始まった当初で、すごく忙しくて一日中仕事で、あまり深く考えずに与えられた仕事をしていましたね。特養を辞めてから上京して一人暮らしを始めて、吉原でソープした。一人暮らしを始めた時点で介護で生活するのは無理だと思ったので、それしか選択肢が浮かばなかった。

吉原は総額六万円の高級店で二年間、五〇〇万円くらい貯金したところで地元に戻ってまた介護の仕事を始めた。前の小規模デイサービスは忙しすぎるので、結婚を機に今の介護老人保健施設って流れです。このまま旦那が単身赴任ならば、風俗に戻りたい」

夫にはバレないと信じているので、不安はまったくないという。職場復帰までの四ヶ月間、単身赴任の夫がなにも知らない中で子供たちと一緒に何度も上京し、AV出演をする予定である。

ヘルパー兼女王様

大阪難波のSMクラブで働いている知り合いの女王様に、同僚に介護関係者がいないかメールをしたところ、「あまりプライベートなことは話さないですが、まわりに聞いてみます」と返信があった。

翌々日、「介護の人、たくさんいましたよ」と連絡がきた。

「うちは小さな女王様専門店で在籍は九人だけど、三人が介護をやっている人でした。一人は訪問介護でヘルパーをやりながら、一人はデイサービスって言っていたかな。もう一人はこの前まで有料老人ホームで介護職員として働いていたけど、もう二度とあの仕事はしたくないって。楽しくないし、職員同士の足の引っ張り合いとトラブルがすごくて心からウンザリしたって言っていましたよ。SMクラブのお客さんの相手もまさに介護みたいなものですからね、集まってきちゃうのかもしれませんね」

　高いコミュニケーション能力が求められるという点では、ＳＭクラブの女王様は高齢者相手の介護と類似点が多いという。経験が活かせることもあり、介護職からの転職組が多いようである。

　全国各地で大量の介護職員の女性が、他業種と比べても圧倒的な比率の高さで性風俗に流入しているのは確実である。

介護職に象徴される日本の貧困率の悪化

　二〇〇〇年代以降に介護や看護、賃金の安いサービス業を生業にする一般女性が性風俗に大量流入することになった背景には、貧困問題がある。この頃から全国的に貧困の指標である相対的貧困率の上昇傾向が続いているのだ。非正規雇用の増加や新卒採用の減少などで格差の拡大は進み、フルタイムで働いても普通に生活ができない貧困層が生まれることになった。

　相対的貧困率とは、世帯年収の可処分所得（正しくは等価可処分所得）が中央値（平均値を下回る値）の半分に満たない人の割合を表すもので、二〇〇九年の厚生労働省の調査では過去最悪の一六・〇パーセントとなっている。女性を中心に非正規雇用が一般的になり、現在、貧困に該当する者はどこにでも存在する。とりわけ単身女性に絞ると三二パーセントで三人に一人、シングルマザーは二人に一人が貧困に該当するという。

相対的貧困率の悪化は、介護職の現状に象徴されている。

全国労働組合総連合（全労連）の調査（二〇一〇年）によると、介護労働者の平均年収は非正規雇用も含めて二〇七万円、月に換算すると一七万円強である。所得税や社会保険を引かれたら手取りは一四万円台。過半数どころか大多数が、貧困に近いラインの生活を送っている。

現在の給与水準で介護職員をしながら人並みの生活をしているのは、結婚して世帯が共働きか実家住まいの未婚女性のみである。

圧倒的に性風俗に人材を輩出している介護業界には、それ以外にも理由が揃いすぎている。実は筆者自身が文筆業をしながら小さな介護施設を運営しており、数年間介護現場を経験して見えてきた現実である。

介護施設に就職すると、早出、遅出、夜勤と勤務時間が不定期で、休日も不定期なので外の介護以外の友人や知り合いと人間関係を保つのが難しくなる。閉鎖的な生活環境では、施設の中での職員同士の人間関係が濃くなる。施設でのケアは常にチームプレイとなるために同僚、上司とは良好な人間関係を培わなければならない。

職場には女性が多い。介護職に限った話ではないが、女性は基本的によく喋る。仕事中、休憩中など時間にかかわらず、施設内では様々な情報が交換されている。このような人間関係が限定された閉塞した環境は、ストレスが溜まりやすい。会話をするのは高齢者や同僚だけ、仕事と職場の人間関係しかない、生活は貧困レベル。このままではいけないと不安に襲われる。そんな時に「実は私……」と風俗経験を語る同僚に出会う。もともと介護施設は離職率が高く、人材が流動的で、様々な年齢、経歴をもった女性が集まっている。水商売や性風俗経験者、現役兼業者、男性経験豊富な者、不倫をしている者などなどが新人として登場することになり、それぞれの情報が施設の職員間で共有されやすいのだ。

多くの介護施設は「笑顔、やりがい、成長、夢」など、ポエム的な常套句を一方的に職員たちに叩き込む傾向がある。洗脳してポジティブな状態を保たせて、なんとか低賃金で働かせようとする施設側の工夫だが、貧困レベルの生活をしている自分より、兼業風俗嬢の方がゆとりがあって幸せそうに見えるのは明らかで、よほど鈍い女性以外はその差を実感することになる。経済的に困っている様子のない兼業風俗嬢が入職して「実は私……」とカミングアウトすると、白い目で見るどころか、「私もやりたい」という者が現れる。こうしてまた誰かが性風俗への一歩を踏みだすという連鎖となる。

一対一での会話や肉体を使ったサービスが求められる等、共通項は多く、相手が高齢者全般から男性限定に変わるだけ。他業種よりも違和感なく性風俗に向かっていけるという面もある。性風俗店の男性客が求める「明るさ」「コミュニケーション能力の高さ」「気が利く」「優しさ」等々は介護職員に求められる適性と一致する。

介護職員として優秀な女性ほど、性風俗でも活躍できる能力がある可能性が高い。国家資格である介護福祉士を取得している女性ほど、性風俗に流れて成功しやすいのだ。

しかも普通に生活ができる程度の賃金すら支払えない介護業界には、副業を許容するムードがある。慢性的な人手不足のうえに、人材は流動的、もともといろんな経歴を持つ人が多いため、副業程度で解雇になることはない。兼業をする条件が揃いすぎているのである。

このまま介護職員の性風俗への流出が続き、兼業風俗嬢が他の職員より豊かで楽しそうに生活をしていると、さらに人材の流出が進む可能性がある。優秀な女性ほど風俗嬢としても成功するので、本業だったはずの介護に見切りをつけるからである。

介護職の高い離職率は社会問題になっているが、性風俗への流出は明らかにそれに拍車をかけている。さらに追い打ちをかけるように、介護保険制度は財政難のため報酬抑制の方向にむかっている。現在でさえギリギリの生活を強いられているのに、さらに首を絞めようという流れとなっている。介護職員の収入は三年毎に改定される、介護保険が適用されるサービスを提供した施設に支払われる報酬（介護報酬）が大きな鍵を握っている。二〇一五年度の介護保険制度改正では要支援の介護保険からの切り離しが検討され、さらに二〇一五年八月から年間年金収入二八〇万円以上の利用者は現行一割の自己負担割合を二割にすることが決まっている。負担が増せば利用の抑制、そして介護報酬の減少は明らかで、介護職員の性風俗への流出は、今後さらに拍車がかかることは間違いない。

ワーキングプアを次々と生みだしている悲惨な状況でも、介護施設側は「介護は熱い想いを伝えられる素晴らしい仕事、夢がある」などと必死に訴えている。しかし、介護職は蓋をあければ豊かさの欠片《かけら》もない貧困女性の巣窟というのが現状だ。

高い志を持って介護の世界に足を踏み入れても経済的、精神的にすぐに追いつめられ、これからは外見スペックが高い女性は性風俗へ、低い女性はそのまま専業介護職員という流れが、一つの定番となるのではないだろうか。

4　なぜ「狭き門」になってきたのか

選ばれた女性がなる職業に

経済的事情から性風俗の道へと進む象徴的な存在として地方出身の現役女子学生、介護職員の女性たちを挙げた。性風俗へ向かう属性として、これに貧困者の代表格であるシングルマザーも挙げられるだろう。

二〇代前半女性の平均年収は二二四万円（二〇一二年分・民間給与実態統計調査）、社会保険料などを差し引いた手取り月収はおそらく一六万円台で、非正規雇用者の比率は一五〜二四歳で三二・三パーセント（二〇一三年平均・労働力調査）、男性の平均賃金を一〇〇としたときの女性の賃金は七一・三（二〇一三年・賃金構造基本統計調査）と厳しい格差がだんだんと進行している。

社会の格差が広がるほど性風俗に女性たちが流れるようになる、という点だけを取り上げれば、決して新しい話ではない。歴史的に見ても風俗に流れる最大の理由は貧困であることは、すでに述べた通りである。しかし、現在見られる特徴は、その先の状況が異なるという点だ。

「草食化」という言葉に象徴されるように、性風俗に対する男性側の需要は下落している。それなのに女性が大量に流入してくるとどうなるか。

当然、供給が需要を上回ることになる。すると供給側で激しい競争が繰り広げられる。かくして二〇〇〇年代以降は風俗嬢というスタートラインに立つまでに厳しい競争が起こるようになった。

供給過剰なので、雇用する性風俗店と客による女性の選別が始まる。容姿を中心とした外見スペックだけでなく、接客サービス業なので技術、育ちや性格や知性などを含めたコミュニケーション能力が加味されて、性風俗がセーフティネットではなくなり、選ばれた女性が就く職業になってしまった。

そのため本章の冒頭で述べたように、貧困に悩んで最後の手段として覚悟をしても、そこに食い込めるだけの外見スペックと能力を持っていなければ門前払いとなる。これが現状である。

戦後から九〇年代までは、性風俗で働くことや性を商品化することは社会の最底辺の仕事だと見られていた。風俗嬢自身にも後ろめたい意識はあった。現在では経緯は様々にせよ、そもそも風俗業界で稼げるということは、競争に勝った者だけに許される特権なのだ。人間は、それがどのようなものであれ競争に勝つことに喜びを見いだす。従って、風俗嬢たちはかつてのようなネガティブな意識は持たなくなった。むしろ職業に関してポジティブになり、プライドを持って働くようになっている。

介護職との比較で顕著に見られたように、真面目に働けば金銭的な見返りが保証されている。また、いかなる仕事でも同じだが、目の前の仕事（もしくは客）に対してもポジティブに取り組むことこそが成功の秘訣である。

もともと性風俗に強い嫌悪感を持つような女性は就業を希望しない。現在働いてきちんと自立している風俗嬢の多くは、仕事についても自身についてもポジティブな意識を持っている。言い換えれば、風俗業界はポジティブな女性しか生き残れない厳しい競争社会になっている。

性風俗の評価は上昇

ポジティブな女性しか生き残れなくなったのは、供給過剰に加えて、風営法改正でメインの業態が無店舗型となったことも原因として挙げられる。

店舗型時代はフリーの一見客《いちげん》が大きな比重を占めていた。友人同士で酔った勢いで、もしくはふらりと一人で、というパターンの客である。彼らは店というより、その街の性風俗の客だ。こういう一見男性客に対して店側は出勤している女性を均等に割り当てるという営業をすることが普通だった。

ところが無店舗型にやってくる客は違う。宣伝経費を投入したからこそやってきた、その店についた客である。たとえ一見客であっても、どれだけリピーターにできるかは経営の根幹に関わる課題となる。必然的に客が満足する可能性の高い能力の高い女性があてがわれる。やる気がない女性や、事情があって仕方なく風俗をしていることが伝わってくるネガティブな女性は、まったく稼げなくなり、風俗嬢の中で大きな格差が生じるようになった。

活躍している風俗嬢たちの多くは真面目にサービスするだけでなく、自分のファンを掘り起こそうと、勤務時間外の営業活動も熱心でこぞってブログや写メ日記を書いて情報発信している。店に頼ることなく、個人の力でどれだけ客を捕まえることができるかが勝負ということを理解している。当然、コミュニケーション能力やサービススキルの向上、切磋琢磨が必要となる。ここでも勝ち残るにはポジティブな姿勢が求められる。そして勝ち残れば自己肯定感はさらに強化される。

看護や介護、低賃金のサービス業など一般職との兼業や転職組も、活躍するようになると、それまで苦しめられていた貧困やストレス、将来の見えない不安から解放されるようになって、充実した生活を送れるようになる。世間の目はまだまだ冷たいけれども、完全出来高制で頑張りが報酬に反映されて、収入に上限がなく、最近は年齢の上限もない。男性たちにも注目をされるから本当にやりがいがあるといった意識を持つ者もいる。そのため九〇年代以前と比べると圧倒的に稼ぐことが困難になっているにもかかわらず、前向きに働く女性が増えている。

こうした「やりがい」を感じることができるので、そもそものきっかけであった経済的な理由が解決しても、大多数が元の生活に戻ることはなく、生業を辞めて性風俗専業となりがちで、できるだけ長く続けたいと願うようになる。他に選択肢のある者たちがこぞって性風俗を前向きに評価して働き続けるのは、九〇年代以前には考えられなかったことである。

どんどん生きづらくなる社会の劣化の度合いと、女性たちの性風俗に対する肯定感は比例している。社会の状況が厳しさを増す一方で、適性のある女性にとって性風俗は、理想的な職場だという捉え方も可能である。

過半数が非正規雇用で、将来的に賃金が上昇する見込みはなく、勤務は不安定で健康を害する可能性も高い介護職や、最低賃金に近い時給でサービス残業が常態化している各種サービス業と比べると、性風俗が女性たちに評価をされるのは当然ともいえる。女性が求められている一般職が地盤沈下を起こし、「最後の手段」だったはずの性風俗の地位は当事者を中心にどんどんと上昇しているのである。

法律的にも肉体的にもまだ危険が存在し、不特定多数の異性に性的サービスを提供する性風俗は、これから恋愛や結婚や出産をする女性たちが、平穏無事に生きるために関わらないにこしたことはない仕事である。それでも多くの女性は様々なリスクがあると理解しつつも、「ポジティブ」に働いている。

社会の劣化と連鎖して生まれたポジティブに働く風俗嬢の姿を眺めて、このままでいいのだろうかという疑問は拭えない。

第四章　風俗嬢の資格と収入

1　主婦はなぜ一線を越えたのか

ある地味な専業主婦の話

高収入求人サイトの掲示板に書き込みをしていた秋元瞳さん（三六歳・仮名）は、風俗嬢という職業に憧れている専業主婦である。

性風俗や水商売の経験は一切ない。取材依頼のメールをして何度かやり取りしたが、「本当に昔から憧れの仕事で、すぐにでも働いてみたい」と、熱い想いが書かれていた。

秋元さんは、子供が着るようなロリ系スカートにリュックサック姿、小柄で童顔の女性だった。子供のような恰好をしているのに、肌は年齢相応に熟していてアンバランスなため、見た目にはどこか違和感があった。

「子供はいないです。旦那とはすごく仲がいいですね。旦那とか生活に不満とかはなにもありません。暇でインターネットをいじっていたら性風俗の求人サイトとか、掲示板とかあるのを知って興味本位で書き込んでいたんです。まさか、ライターの人からメールがあるとは思いませんでしたよ。

　全然お金に困っているとかじゃなくて、ただの興味本位です」

　夫は六歳年下の三〇歳。事務員をしていた前職のときの同僚である。三年前にプロポーズされて、そのまま結婚。寿退社をして以来、ずっと専業主婦をしている。自宅は家賃一〇万円の２ＬＤＫのマンション。福利厚生が充実した会社が家賃七割を負担している。夫の収入は手取りで二六万円程、お金に困っている様子はない。

「絶対に普段の生活じゃ体験できないじゃないですか。今までやってこなかったのは、どこかで踏み留まるっていうか。普通に仕事もしていたし、結婚もしているし、だからわざわざ行動に起こさなかった。求人サイトの掲示板は登録しておけば、勝手に向こうからオファーがくるじゃないですか。だから遊び半分で。本当にお金が欲しいとか、お金に困っているとかだったら自分からどんどん進んで面接とか行くだろうけど、別にお金に困っているわけじゃないから憧れのままここまできちゃって。今まで風俗とかまったく経験ないです。男遊びもないですね。なにも知らない」

これまで水商売、性風俗などの経験は一切なし。不倫や浮気もない。一〇代の頃から性風俗の世界に興味があり、数週間前に高収入求人サイトがたくさんあることを知って衝動的に行動を起こしたようだ。

「男性経験は四人。彼氏としかエッチしたことないし、浮気とか男遊びの経験はないですね。今までの人生、本当に普通で地味でしたから。ずっと地味、超地味。高校生のときは遊ぶっていっても帰りにカラオケ行くくらい、大学も同じ。ナンパされるようなタイプじゃないし。地味だから」

出身大学は偏差値の低い無名校、就職はパートの歯科助手から派遣の事務職員、プロポーズされて結婚した夫もどちらかというと地味な男性らしい。

持ち物はリュックに安価そうな財布が入っているだけだった。財布の中に旦那の写真があるというので見せてもらったが、小太りの地味な男性が写っていた。

彼女はずっと目立たない性格だった。地味でつまらない人生を自覚して受け入れつつ、今までの現実から離れた世界で自分にしかできない特別なことがしたいようだった。

それが憧れていた性風俗だった。行動をしようと意識が変わったのは、三年前、生死を彷徨《さまよ》う大怪我をしたから。

前方不注意のトラックのサイドミラーが、自転車に乗っていた秋元さんの顔面を直撃、意識不明の重体となった。前後数日間の記憶がまったくなく、意識を取り戻したときは病院の集中治療室だった。

「まだ病院に通っているんですよ。首から上がグチャグチャになって、顔には鉄板が入っている。頭を骨折して脳挫傷で、生きているのが不思議ってくらいだったんですね。

人間っていつ死ぬかわからないって思った。やりたいことをやろうって。今までの人生、やりたいことはなにもしてない。受験があるからとか会社があるからとか、なにか理由をつけてやりたいことから逃げてきた。事故に遭って、なんとか治ってなんとか日常生活ができるようになって、私はなにしたいんだろう、って。そこで浮かんだのが性風俗です。学生時代から気になっていたんですね、なんか楽しそうって。三六歳になって、やっとって感じです。世間的にどうとか、旦那がどう思うとか関係ないかな。バレなきゃいいってだけ」

何年間も心に秘めていた願望は、インターネットを使えば簡単に実現に向かった。

稼ぐのって大変

外見には自信がなく、異性からモテた経験はない。自分みたいな女が性風俗で通用するのかまったくわからない。ずっと拒絶されるのが怖くて電話はできなかったが、高収入求人サイトの掲示板に、

《36歳、風俗未経験です。神奈川県在住で、普段は主婦をしていて、週一とか週二とかで昼間に働けるお店を探しています。どんなお店があるとか、どんな仕事とか、あまりよくわかっていません。働けるところがあれば頑張ろうと思っています。》

と書き込んでみた。返信があるとは思わなかったが、神奈川県内のピンサロと熟女ヘルス五件から勧誘メールが届いた。

「一昨日、昨日で三件面接に行った。横浜の拘束人妻ヘルスと平塚と本厚木のピンサロ。横浜は月に一度とかでもよくて、手取りは四〇分五〇〇〇円。あと平塚と本厚木のピンサロは時給じゃなくて、一人について二〇〇〇円だった。ピンサロは面接だけ、横浜は講習みたいなのを受けた」

失礼ながら彼女は決して可愛いとは言えない童顔。全身から地味な雰囲気が漂い、色

気はない。胸もBカップという秋元さんの外見スペックは、人妻風俗でも都心部の人気店では採用されないレベルである。掲示板を使ってオファーがあったのが、女性の確保に困っている人妻拘束デリヘルと地方のピンサロのみというのは妥当なラインといえる。

人妻拘束デリヘルで受けた未経験の女性向けの講習では、店長が相手をした。店長がシャワーを浴びている間に下着姿で目隠しをしてベッドで待つ、カラダを触られて、舐められて、玩具で局部を弄ばれた。店長には何度も「感じている演技をするように」と言われた。全身リップから生フェラ、ぎこちなく腰を振って、生まれて初めてなんとか素股で射精をさせたという。

「受け身で楽しかったですけど、これで五〇〇〇円にしかならないのか、厳しいなって……。お金のためじゃないとはいっても、稼ぐのって大変だなって思いました。ピンサロも一人について二〇〇〇円、日給一万円にもならないかな。でも、せっかく採用してくれたので、横浜のほうで明後日から働くんですよ」

三六歳になって初めてやりたいことをやる。おそらく彼女が在籍する人妻拘束デリヘルは、一日三人の客がつけば御の字といった不人気店で、多くても日給で二万円以上は稼げないはずである。週一日勤務の場合、風俗嬢としての月収は六、七万円程度となる。

平穏無事な家庭を築き、金銭的にも困っているわけではない。おそらく彼女は風俗嬢として成功をすることはない。その程度のお金を稼ぐために、様々なリスクのある風俗嬢にはならない方が賢明だと筆者は思う。しかし、それが長年秘めていた自己実現の形だというのでは誰にも止めようがない。

地味な専業主婦だったのに、実際に一線を越えてしまったのは高収入求人サイトの存在がすべてである。検索して様々な性風俗関係の情報を入手し、メール一通、掲示板への投稿一つ送れば、誰でもその世界にコンタクトできる。秋元さんは掲示板に投稿をした数日後、本当に裸になってお金を稼ぐ風俗嬢になってしまった。

2 女性たちのレベルはなぜ向上したか

求人サイトが女性を掘り起こした

「風俗」「求人」「高収入」などのワードでネット検索すると、一瞬にして膨大な性風俗店の求人情報が検索結果としてヒットする。高収入求人サイトはエリア別、職種別に求人がずらりと並び、それぞれの店が「稼げる」ことをアピールし、ホームやリンクに風俗嬢たちのインタビューや著名人のコラム、Q＆Aなど、性風俗初心者に向けた情報が盛りだくさんである。

様々な風俗嬢たちが連載コラムやブログで、性風俗の仕事は働く時間を自分で決められて、「年齢に関係なく活躍できる職場」であり、「効率よく高収入な職業」に就いて充実した日常を送っていると書いている。当事者の言葉はリアリティをもって読者に伝わってくる。

もっとも、この高収入サイトのクライアントは性風俗店で、求人広告のほうには当然誇大な表記ばかりが並ぶ。「誰でも日給三万五〇〇〇円以上が稼げる」というような表現も見受けられる。実際には一定の条件が揃わないともらえない「入店祝い金」が誰でももらえるような印象も与える。

仕事内容そのものも、なるべく一般女性に応募をしてもらうために実際より極めてソフトに書かれてある。「脱がない、舐めない、触らせない」——そんな仕事で日給三万五〇〇〇円以上なんてありえないのだが、「ソフトなサービスで高収入」だと錯覚させるような文言が飛び交っている。

「一九九九年の改正風営法で、違法な風俗店の広告を掲載した雑誌やメディアが罰せられるようになった。しかし、それでそういう店の求人広告が消えたわけではありません。違法風俗店やピンサロが、労働内容とはかけ離れた広告を載せるようになったのです。求人広告の内容と実態が異なるのは、この業界に限ったことではないとはいえ、実際に仕事に就くまで労働内容は確認できない状態ですから、なにも知らない女性が希望する仕事を見つけるのは大変です。

例えば、簡単な水商売だと思って面接に行ったら本サロやピンサロで、口説かれて違法風俗嬢やピンサロ嬢になってしまった、という女性は膨大な人数となっています。入店祝い金などもらえることないし、デリヘルで日当の最低保証が設定されることもまずないです。広告の記載と全然違って、希望していない仕事だけど、店舗側に押し切られて仕方なく働くことにした、みたいなことは日常茶飯事です」

と、ある風俗ライターは言っている。

「脱がない、舐めない、触らせない」の類の文言は、一種の騙しかもしれない。女性を騙して働かせるのは遊郭時代から続く伝統とも言える。こうしたやり方に憤りを感じる人もいることだろう。

しかし、誇大広告で人を集めようというのは他の世界も同じである。とりわけ過酷な介護業界もまた、ポエムのような言葉を連ねて人を集めようとしている。

しかも風俗業界は、一定の条件、能力を備えている女性ならば年齢に関係なく、自分の裁量で働きながら効率よく稼げる仕事であるという点だけは嘘ではない。

これらの高収入求人サイトは、それまで性風俗とは無縁だった女性たちを根こそぎ掘り起こすことになった。

インターネット普及以前は雑誌やスカウト経由、知り合いの風俗嬢からの紹介という入店経路が一般的だった。が、派手な表紙の高収入雑誌を購入したり、スカウトに声をかけられて立ち止まったり、風俗嬢の知り合いがいたりするのは一部の女性に限られていた。そのため性風俗への入り口が一般女性に開かれているとは言い難かった。

ところが、二〇〇〇年代突入から様々な高収入求人サイトが立ちあがって、それぞれの性風俗店がホームページで女性たちの求人活動を始めるようになり、これまで性風俗とは縁遠かったはずの多くの一般女性が、それらの情報を日常的に閲覧するようになった。今までは繁華街でスカウトマンに声をかけられて誘いに乗ってお茶でもしなければ聞けなかった様々なアンダーグラウンドな情報が、検索で即入手できることになり、全国のあらゆる層の女性に性風俗を選択肢の一つにすることを可能にしてしまった。

最新版・性風俗店の採用偏差値

日本の人口は一九七〇年代前半生まれの団塊ジュニア世代が三〇歳を過ぎたあたりから減少しているので、前章で述べた二〇～三四歳の適正年齢女性における性風俗嬢志望者の比率は膨らみ続けていることになる。

志願者止まりの女性の大部分は複数店舗に応募をしたにもかかわらず、採用されなかったということだ。カラダを売りたくても売れない層が大量に現れたのは、おそらく歴史的に現在が初めてではなかろうか。

さて、性風俗店が女性を選ぶポイントは、第一に容姿である。

面接では顔と体型を中心に胸の大きさ、ヒップ、脚などのパーツを精査される。やる気があるか、コミュニケーション能力があるかなどの性格や人格は、面接の段階では優先順位の下位であり、容姿が基準に達していれば採用される可能性は極めて高い。採用率が平均三〇パーセントとすると、二〇一四年の介護福祉士の国家試験合格率が六四・六パーセントだからはるかに難関であり、難関の上位性風俗店に採用されるほど稼げる可能性は高くなる。

性風俗とその周辺にある職種の採用難易度をわかりやすくするため、各種性風俗店の採用基準を偏差値換算してみた。採用偏差値は客観的な容姿を軸としているが、そこに育ちや学歴、適性などの要素も加味している。

ごく普通の公立中学校のクラスに女子が二〇人いるとして、容姿の優れている順番に並んでもらう。その場合、九～一一番目が偏差値50というイメージだ。二〇一二年の拙著『デフレ化するセックス』（宝島新書）で作った同類の偏差値換算表を軸にしてベテラン風俗嬢、風俗ライター、数人のデリヘル経営者などの意見を聞いて調整した。あくまでも業界の採用基準をわかりやすく示すために数値化しているだけであって、差別的な意図はまったくないことは強調しておきたい。

【二〇一四年版各種性風俗採用の難易度と給与】※（　）内は収入の目安

偏差値80　単体ＡＶ女優（一本四〇万～一〇〇万円）

偏差値72　企画単体ＡＶ女優（一日一二万～二五万円）

偏差値68　高級デリバリーヘルス（六〇分二万円以上）

偏差値67　高級ソープランド（一二〇分二万五〇〇〇円以上）
偏差値66　SMクラブ女王様（六〇分一万二〇〇〇円以上）
偏差値62　企画AV女優（一日三万～八万円程度）
偏差値61　店舗型イメクラ（六〇分一万円以上）
偏差値60　都市部人気デリヘル（六〇分一万円以上）
偏差値59　回春マッサージ、M性感（六〇分一万円以上）
偏差値58　SMクラブM女（六〇分一万五〇〇〇円以上）
偏差値57　大阪のちょんの間（一〇～二〇分八〇〇〇円以上）
偏差値56　都市部ファッションヘルス、デリヘル（四〇分六〇〇〇円程度）
偏差値55　大衆ソープランド（六〇分一万円、一二〇分二万円程度）
偏差値54　韓国デリヘル（六〇分一万円以上）
偏差値53　都市部人気ピンクサロン（時給二五〇〇～三五〇〇円）
偏差値52　格安ソープランド（五〇分七〇〇〇円程度）
偏差値51　地方デリヘル（六〇分八〇〇〇円程度）、
偏差値50　地方ファッションヘルス（四〇分五〇〇〇円程度）

偏差値49　本番サロン（三〇分六〇〇〇円程度）
偏差値47　都市部格安デリヘル（四〇分四〇〇〇円程度）、地方ちょんの間（三〇分五〇〇〇円程度）、地方ピンクサロン（時給一八〇〇〜二〇〇〇円）

おおよそこのような難易度だと考えられる。

言うまでもなく、採用偏差値が高いほど、単価が高くて収入が増える傾向にあり、採用率にすると偏差値40台は六〇〜七〇パーセント、50台は三〇〜四〇パーセント、60台は一〇〜二〇パーセント、70台の企画単体ＡＶではおよそ三パーセント、80台の単体ＡＶ女優の採用になると三〇〇人に一人とも、五〇〇人に一人とも言われ、数値化が不可能なほど狭き門となっている。

偏差値65以上は誰もが美人もしくは可愛いと思うくらい顔立ちに華やかさがあり、Ｄカップ以上の胸、贅肉《ぜいにく》のない美しいスタイル、社会性や知性も備えている。

偏差値55〜62になると、容貌は人並でもＤカップ以上の胸があってスタイルがいいとか、胸は小さいが、誰が見ても美人もしくは可愛い等、何か一つは優れた外見スペックを持っている。裸の世界では容貌よりバストを中心としたスタイルが重要視されるので、容貌が劣っていても美しい肉体があれば、このラインに食い込むことができる。

偏差値49〜54はごく普通の一般的な女性である。ブスとは言われないレベルの顔立ちに無駄な肉のないカラダ、胸はBカップ〜Cカップ程度。

偏差値48以下になると女性らしい華がないタイプで、基本的に風俗嬢には向いていないと言えるだろう。

業種別に見ていくと、偏差値68の高級デリバリーヘルスはAV女優やキャンペーンガール、ラウンドガールなど、芸能界の末端にいたことがある女性や、学歴が高く一流企業に勤務経験のある女性などを集めていたりする。採用基準が高いだけでなく、体型が変わるとすぐに出勤を止められたり、解雇になったりとシビアである。

裏風俗系では大阪飛田、松島新地のちょんの間が偏差値57と断トツだが、これは二〇分一万五〇〇〇円という高額料金にもかかわらず客が集まっていることからの推定である。合理的に稼げる場所には自然と能力の高い女性が集うため、採用偏差値は高くなるということだ。

反対に地方のちょんの間、ピンクサロンともに低偏差値となった。やはり都市部との差は大きい。都市部で稼げなかった女性が地方へ行くと人気が出たりするので、偏差値

50台前半の女性が働きやすさを求めて都市部を避けて地方で働くこともある。

数ある性風俗の中でも高級ソープランド、SMクラブの女王様、イメクラ、回春マッサージ、M性感などは経験や技術を求められる職種である。技術の習得や向上によって、偏差値6～7程度は挽回が可能となる。例えば偏差値52の格安ソープランドが妥当な女性でも、技術を習得して向上させればM性感や回春マッサージの第一線で働ける。同じ理由で技術やコミュニケーション能力が必要とされる職種は、外見スペックが高いだけでは客の層が限定されるので、よほど才能のある女性以外は日々の工夫と努力が必要となる。

スペック上昇の理由

二〇一四年版の採用偏差値から判断すると、平均的な女性では格安ソープやピンサロ、地方デリヘルなどでしか働けないことになる。

二〇〇〇年代以降の性風俗は急激に進学校化した私立校みたいなもので、志願者の急増によって大きく採用のハードルを上げている。どれくらい上昇したのか、一九九〇年代の性風俗を振り返って比較してみる。当時を知る風俗ライター、数人のデリヘル経営者の意見を聞きながら、「一九九〇年代版」も作ってみた。

【九〇年代版各種性風俗採用の難易度と給与】
偏差値69　単体AV女優（一本一〇〇万円以上）
偏差値63　SMクラブ女王様（六〇分一万二〇〇〇円以上）
偏差値62　高級ソープランド（一二〇分三万円以上）
偏差値58　都市部人気ファッションヘルス（四〇分八〇〇〇円以上）
偏差値57　店舗型イメクラ（六〇分一万二〇〇〇円以上）
偏差値56　性感マッサージ（六〇分一万二〇〇〇円以上）
偏差値55　ノーパンしゃぶしゃぶ（時給二〇〇〇～三〇〇〇円）
偏差値54　企画AV女優（一日七万～一二万円）
偏差値53　都市部ファッションヘルス（四〇分六〇〇〇円以上）
偏差値52　大衆ソープランド（六〇分一万円、九〇分一万五〇〇〇円程度）
偏差値51　ホテトル（六〇分一万三〇〇〇円以上）
偏差値49　都市部人気ピンクサロン（時給二五〇〇～三〇〇〇円程度）

偏差値47　地方ファッションヘルス（四〇分五〇〇〇円以上）
偏差値46　地方ピンクサロン（時給二〇〇〇円程度）
偏差値45　本番サロン（四〇分七〇〇〇円程度）
偏差値44　地方ちょんの間（二〇分五〇〇〇円程度）

九〇年代はフードルなどの登場で性風俗店や性風俗嬢がテレビや雑誌、スポーツ新聞などのメディアに頻繁に取り上げられるようになり、ファッションヘルスや性感マッサージなどの非本番系風俗が全盛期を迎えた時代である。

消費者金融からの借金返済といった動機から流入する素人が増えて、繁華街の雑居ビルやマンションには続々と新しい店が開設された。当時の風俗嬢は今では考えられないほど景気がよく、月収一〇〇万円はあたりまえ、人気ソープ嬢になると数百万円を稼ぎ、ブランド物やホスト、どんなに近距離でもタクシー移動など豪快に消費していた。

しかし、採用偏差値を九〇年代と現在とで比較すると、高級ソープランド62→67、SMクラブ女王様63→66、イメクラ57→61、都市部人気ピンクサロン49→53と総じて現在のほうが高い点に注目してほしい。偏差値3～5の差というと、前述した女性二〇人のクラスに例えれば、九〇年代では足切り線が上位一〇番目だったものが七番目程度になったということ。風俗嬢の外見スペックを軸にしたクオリティーは、九〇年代より明らかに上昇している。

ＡＶ女優の場合は単体ＡＶ女優69→80、企画ＡＶ女優54→62と凄まじき急上昇となっている。ＡＶ女優のクオリティー上昇は誰の目にも明らかで、九〇年代にはＡＶ女優についてもまだ「最後の手段」をお金に換える恥ずかしい底辺の仕事、金銭的に追いつめられた女性の最後のセーフティネットという認識が世間にあった。しかし、現在は「ポジティブな生き方の一つ」と広く認識されているようで、ＡＶプロダクションには応募が殺到している。

九〇年代は偏差値の低い女性でもＳＭやスカトロ要員として確保するか、といった「志願者全入」に近い状態だったが、現在は最低ランクの企画ＡＶ女優でも採用合格ラインは応募者の一四パーセント、単体になると先にも述べたが三〇〇人〜五〇〇人に一人と言われ、もはや芸能界より狭き門になっている。

デフレ化の実態

単価にも変化がある。裏風俗を含めた性風俗は、全般的にクオリティーを上げながら収入を大きく下げるというデフレ化が進行している。

採用偏差値50台後半あたりの女性で例えると、九〇年代は都市部人気ファッションヘルス（偏差値58）で、出勤さえすれば待機時間なく客がついていた。一六時出勤の二四時までで、日給は八〇〇〇円（四〇分）×八人＝六万四〇〇〇円くらいは手にできた。現在は都市部人気デリヘル（偏差値60）に一八～二六時くらい勤務して、一万円（六〇分）×二～三人程度といったところだろう。日給は二万～三万円である。待機時間や移動時間を含めた拘束時間は九〇年代よりも長くなり、この例では時間単価が五割も下落したことになる。無店舗型の過当競争で客が分散して、末端の風俗嬢たちの収入は九〇年代と比べて半分以下となっている。

収入半減なので、豪快に消費をする風俗嬢は過去の遺物である。無駄遣いできるほど稼げなくなり、ブランド物で派手に身を固めホスト遊びをするような女性も激減している。

3　実際にどのくらい稼げるのか

性風俗嬢たちの収入を試算

風俗嬢は超高収入で消費と遊びが好き、というのは、過去の栄光に基づいた時代錯誤の認識である。経営者が女性から搾取して暴利を貪っているというのも同様だ。

現実にはこの数年、性風俗の界隈で九〇年代のような景気のいい話はまったく聞こえてこない。ごく少数の一〇代後半～二〇代前半で成功した女性が複数のブランド物で派手に着飾っていたり、ホスト遊びをしたりしているくらいで、安定した収入を得ている性風俗嬢でも大方、飲みに行くのは格安居酒屋で割り勘、洋服はバーゲンを狙うという、ごく普通のライフスタイルが一般的だ。中には経済力がありそうな彼氏を狙っている者もいるが、これとて一般女性と同じことである。

九〇年代のような豪快に浪費ができるのは、上位五～一〇パーセント程度、人気店のナンバーワン、もしくは二、三番手までである。

過半数は過去より厳しい採用を突破して、稼げるはずの性風俗嬢になりながらフルに働いても二〇万～四〇万円の会社員程度の収入。もしくは会社員よりも短い労働時間で一五万〜三〇万円程度の収入。いずれも一般人と変わらない生活をしている。
いったい性風俗嬢は、どれくらい稼いでいるのか、試算をしてみよう。

高収入の業種は

まずは総額六万円の高級ソープランド（採用偏差値67）。入浴料二万円、サービス料四万円としよう。サービス料は個室でサービス終了後に女性に直接支払うことになり、それがすべて収入になったとする（税金は自分で申告）。出勤日数は二勤一休、二勤二休を繰り返して週四回程度の出勤と仮定。以下に紹介する他の業態も、基本的に週四日勤務をベースに計算した。

（採用偏差値67　高級ソープランド）
日給＝四万円（一人の単価）×二人（一二〇分×二）＝八万円
月収＝八万円（日給）×一六日（週四日）＝一二八万円

週四日勤務で月収一二八万円の高収入だ。高級ソープランドの客の多くは高所得層の紳士タイプが多く、一日二人程度ならば肉体的な疲弊も少ない。しかし、ここで一日二人の客が常につき続けるのは、元人気AV女優など知名度のある女性か、キャリアとスキルに信頼のある実力ある女性だけである。

老舗の店舗型イメクラ（採用偏差値61）は料金を六〇分二万円とする。老舗の店舗型イメクラは店に客がついているので、指名以外にもフリー客がまわってくる。オプションも多く、性癖が偏っている男性客を捕まえれば大きく稼げる可能性があるが、ここではそれは計算に入れない。

（採用偏差値61　店舗型イメクラ）
日給＝一万円（一人の単価）×四人（六〇分×四）＝四万円
月収＝四万円×一六日（週四日）＝六四万円

九〇年代は月収一〇〇万円が一つの目安だったが、現在は月収五〇万円が一つの目標になっている。一日四人はそれなりに経験を重ねて客がついた段階でないと達成できない数字だが、それでも週四日勤務でやっと五〇万円超え。イメクラは客が恋愛感情を持って接してくるので、コミュニケーション能力が高ければ長く指名で通ってもらえることもある。

大衆ソープランド（採用偏差値55）は、五〇分一万五〇〇〇円の某老舗都内最大チェーンを想定。入浴料五〇〇〇円、サービス料は一万円となっている。昭和時代から営業している店舗型で店に常連客が多く、平日と休日によって客入りにバラつきはあるものの平均すると四〜五人となっている。

（採用偏差値55　大衆ソープランド）
日給＝一万円（一人の単価）×五人（五〇分×五）＝五万円
月収＝五万円×一六日（週四日）＝八〇万円

ソープランドは性風俗の王様と呼ばれるだけあって、大衆店でも月収八〇万円と非常に収入は安定している。総額が安めの老舗大衆店になると、短時間でマットとベッドを求められるので体力は消耗するが、スペックが低めの女性も入り込む余地があり、収入面から見ると狙い目といえる。

このあたりまでは、高収入といっても良さそうである。

低収入の業種は

都市部人気ピンクサロン（採用偏差値53）になると、時給制がベースなので収入は安定しているが、三〇分二回転で料金が六〇〇〇円程度と客単価が安いので労働内容の割には稼げない。時給二五〇〇円で一七時出勤の二四時終業とする。客一人当たり五〇〇円の歩合給も計算に入れる。

（採用偏差値53　都市部人気ピンクサロン）

日給＝（二五〇〇円×七時間）＋（五〇〇円×一二人）－厚生費一〇〇〇円＝二万二五〇〇円

月収＝二万二五〇〇円×一六日＝三六万円

厚生費は店が徴収する雑費である。ピンサロになると人気店でも月収三六万円程度と、かなり厳しい数字となってくる。公務員や一般企業社員程度である。女性が体を張って働いてもサラリーマン程度の生活がやっと、というのが現在の風俗嬢の現実なのである。

地方デリヘル（採用偏差値51）はどうだろうか。このレベルの店は、現在の厳しい状況ではまず流行っていない。まったく儲かっていないという経営難の店になると、女性の質では勝負ができないので価格競争に突入せざるを得ない。六〇分二万円で営業したいところを一万五〇〇〇円まで下げても、客がつく女性でさえせいぜい一日二、三人という不人気店が非常に多い。

（偏差値51　地方デリヘル）
日給＝八〇〇〇円（一人の単価）×二人＝一万六〇〇〇円
月収＝一万六〇〇〇円×一六日（週四日）＝二五万六〇〇〇円

週四日出勤しても二五万円程度という非常に厳しい数字となっている。家賃が安めの地方だとしても、この金額では一人暮らしを支えるのも厳しい。勤務時間が限られてくるシングルマザーになると、性風俗で働いても生活ができないという状態に陥る。シングルマザーや普通の介護職員が副業で働く場合などは、このレベルのデリヘルで働いていると思われる。生業のある未婚女性が生活費の補塡として一〇万円程度を稼ぐといったダブルワークくらいの意識でないと厳しいだろう。

次は都市部格安デリヘル。店舗数が増えすぎているデリヘルで、偏差値50前後の一般女性が働けるようなレベルの店では女性のクオリティーで勝負はできない。都市部デリヘルの値下げ競争の象徴とされている某老舗チェーンは三〇分三九〇〇円、四五分五九〇〇円という価格帯。女性の取り分は三〇分二四〇〇円、四五分三五〇〇円と単価は異常に安い。単価が安いので各種性風俗を断られた女性が集まる傾向があり、採用偏差値50未満で推移している。このチェーンは女性によっては無料でアナルファックもOKとなっている。この金額にもかかわらず在籍女性の中で競争が繰り広げられている。待機や移動時間を含めると、格安価格で客を集めて店が流行っていてもせいぜい一日六人が上限である。

（採用偏差値47　都市部格安デリヘル）
日給＝三五〇〇円（一人の単価）×六人＝二万一〇〇〇円
月収＝二一〇〇〇円×一六日（週四日）＝三三万六〇〇〇円

週四日フルに働いて、アナルファックまでして三三万円程度にしかならない。本番をする覚悟で偏差値55の大衆ソープランドに行ければいいが、そこに引っかからないとなると格安デリヘル、稼げない不人気デリヘルくらいしか選択肢がなく、収入の改善は見込めない。

同じく採用偏差値47で最下位となった地方ピンサロは、回転なしの三〇分五〇〇〇円の料金とする。寂れた店舗型で客はポツリポツリ。指名する客も少なく、収入は二〇〇〇円の時給だけで勤務は都市部人気ピンクサロンの試算のときと同じ七時間としよう。

（偏差値47　地方ピンサロ）
日給＝二〇〇〇円×七時間＝一万四〇〇〇円
月収＝一万四〇〇〇円×一六日（週四日）＝二二万四〇〇〇円

こうなると飲食店員や介護職員などと大して変わらない。家賃の高い都市部だったら貧困に転落する可能性すらある厳しい金額となってしまった。

このように収入を試算してみると一〇〇万円超えは、本当に一部のクオリティーと能力のある女性にのみ許された領域である。最も多い層である偏差値50前後や、それ以下の女性では、カラダを売る覚悟をしたからといって高収入は望めない。逆に言えば、性風俗専業でそれなりの生活をするには偏差値55のラインを越えられるかがポイントであり、それ以下になると一般の仕事と大差がなくなる。将来の結婚や病気、周囲にばれるなどのリスクを考えると、わざわざ性風俗で働くメリットがない。別の道を探した方が賢明である。

知的障害者の問題

一部の福祉関係者の間では、自己決定能力に欠ける軽度の知的障害女性を性風俗で雇用することを問題視する声がある。性風俗は知的障害者であっても無条件に飲み込み、非人道的な性的搾取をしているという認識が一部にあるが、これはいささか的外れのように思える。すでに述べてきたように、現実は業者間、女性間で競争が繰り広げられ、一般女性でさえ底辺に近い店を含めても約半数が門前払いとなっている厳しい状況である。従ってそのような雇用は店側にメリットがない。知的障害女性に働く場があるとすれば価格競争だけで勝負している偏差値47以下の店で、そこでもおそらくほとんどが人数合わせのような立場のはずだ。知的障害女性が風俗嬢になっても自立できる金額を稼ぐのは困難といえる。

「知的障害者の女性はやっぱり仕事に困っているので、性風俗の人材市場に流入しているのは事実です。どんどんやってくるので雇うのは簡単だが、トラブルにしかならない。業種的に一番多いのはSM業界で、なぜか知的障害女性の多くは最後の砦としてSMを目指す。でも、理性がぶっ飛んだ女子が多く、お金を盗んだり、出張先のものを破壊したり、労働基準監督署や警察、入管等にも駆け込んだりとトラブルが絶えない傾向がありますね。最悪、事件を起こして裁判となるが、自己決定能力に欠けて失うものがないので、結局損害は店がかぶらなくてはならない。リピーターなんてつくはずがないのでほとんどの風俗店が断っているが、雇用があるとすれば、都市部の格安デリヘルくらい。単価の安い最底辺風俗しか、いくらかのお金になる場所はないでしょう。今は女性ってだけで買い手がつくほど甘くない。付加価値をつけることが必須なので、知的障害女性は風俗嬢には向いていません」（東京上野のM性感経営者）

当然ながら知的障害女性に関しては福祉で救済の道を探るべきだろう。

4　人材はどう育成されているか

人材の開発育成が必須

競争が激しくなると、ジャンルを特化して客を絞り込み価格を維持または上げるか、女性のクオリティーを上げて価格を維持するか、低価格化を進めるか、いずれかの道を選択せざるを得ない。

特化する能力がない性風俗店は、実質的な値下げを迫られている。価格競争が特に激しい東京や大阪の格安デリヘルでは三〇分三九〇〇円、四〇分ホテル代込みで六〇〇〇円などの店まで登場。アナルファックが無料などのオプションに加えて女性のクオリティーも上げて、低価格化は限界まできている。

風俗講師・水嶋かおりん氏は、デフレ下で性風俗嬢や店が生き残るためには人材育成、研修が最も重要であると語っている。

「無店舗型になって、人材の開発育成が絶対に必要な時代になっています。それぞれの女の子がモチベーションをもって働いて、最大限に能力を活かしていくことが店にも女の子自身にも必須で、一度来てくれたお客さんをリピートさせる力がない女の子はまったく稼げなくなっています。女の子は自分自身と店のために指名客を増やす努力をしないといけない。店は新人や売り上げの上がらない女の子たちに仕事を教えてあげられる人を準備しておくことが大事です。

募集広告を出せば面接希望はたくさん来ますけど、性風俗の仕事が楽だと思っていたり、店が仕事を教えられなかったりで、モチベーションを上げられずに低迷している女の子や店がたくさんある。経験があってもお客さんの流れに合わせるだけで、稼げないって嘆いている女の子のほとんどは自分がなかったりする。自分がなにを提供できるかをわかっていなければ、お金を払ってくれる人もいないわけで。性的な技術だけじゃなくてもっと稼ぐために風俗の仕組みだったり、心構えだったり、接客だったりを教えるのが講師の仕事ですね」

水嶋氏は、技術や知識をつけたい女性たちや風俗店経営者から依頼されて、性風俗で稼ぐための技術や知識を教えている。その内容は技術だけでなく、コミュニケーション能力の向上まで指導している。

「性風俗店は男性にお金をもらって愛情を提供する場所ですから、出会った瞬間の挨拶や会話からコミュニケーションが始まります。どんな男性とも対等に話ができるためにいろんなことを知っておく必要があります。社会問題、政治経済、法律、国際問題から映画、テレビ、スポーツ、アニメ、お笑いまで。どんな男性にも話を合わせられる知識を持っていることが、いろんな男性からの指名に繋がるんですね。

若いキャバ嬢にありがちですが、自分の話ばかりするのは非常に良くない。そういうことも教えています。稼げない風俗嬢で多いのが、男性それぞれに寄り添っていくということができない女の子。テクニックは身につけられても、そこからどうやってお客様を楽しませるかって膨らませることができないんですね。十人十色の男性に寄り添って関係性を膨らませるって能力が必要で、引出しを持っていないとどんどん自分が苦しくなっていきますから」

プロ意識の重要性

前述したように、無店舗化によって顕著となったのは「リピート客を呼べない女性はいらない、稼げない」という傾向である。店側は次も来てもらえる可能性を少しでも高くするために能力のある女性にフリー客をつけるようになった。偏差値や意識が低くて指名客のいない女性は、採用されても出勤するだけで仕事がない。

ソープランド講師の愛花氏は、性風俗嬢は個人事業主であるという意識が絶対に必要だと語っている。

「私が教えるのはプロ意識ですね。おもてなし、きづかい、心配り、技術以外の接客もソープではすごく大切なことなので。テクニックはやる気さえあれば、どんどん伸びちゃうので簡単です。ソープ嬢とか風俗嬢に一番必要なのは個人事業主って自覚と、その意識です。

今は女の子の外見的なレベルはすごく上がってしまっているので、自立した意識と、それぞれの個性が大事です。ソープはいろいろ制約があるけど、他の業態だったらネットを使っていかに自分を上手に売り込んでいくかも大事。風俗嬢は店に所属しているとはいえ、個人営業です。自営業だって自覚している女の子は、どんどん必要なことを吸収してすごく売れていく。稼いでいます。ただそこを自覚していない女の子が多いので、自営業って意識を持つことを教えたりしています。

基本はすべて個人だよってことを経営者側は教えないし、教えられないんですね。意識を変えてあげて、それをお店が後押ししてあげる。そういう女の子が揃っているところは最強です。女の子が力をつけた後はリレーション（連携）が大事で、お店全体でお客さんの情報を共有して、お店のファンであり、女の子のファンでありって状態を作る。店のファンが増えれば、自分の安定収入に繋がるしね」

裸になりさえすれば生活できる、という時代は完全に終わっている。だから店も風俗嬢も講習料を投資してでも意識や技術を磨き、どうやって客をさらに満足させて自分のファンになってもらうかということを考えている。

「この数年は本当に生き残り競争です。今稼いでいる女の子は美人でコミュニケーション能力が高くて頭もいい。まだまだ社会から白い目で見られるので一般的な仕事のキャリアにすることは難しいけど、能力的にはどこの世界に行っても通用する社会資源になっています。逆にいえば、それくらい厳しいってことです」（愛花氏）

「今の無店舗型で稼げる能力がある女の子は、たぶん営業職とかで一般社会でも通用するはずです」（水嶋氏）

二人の意見は共通している。究極のサービス業といえる性風俗のレベルが志願者増やデフレによって向上して、そこで働く女性たちの能力は一般社会に肉薄している状況なのだ。

ノマド化するベテラン

個人事業主という自覚のある風俗嬢は、経験を重ねていくと在籍店に頼らなくとも理屈上は営業が可能になるということになる。

たとえば、馴染みの客と店を通さないで直接会ってサービスしたり、踏み込んで関係性を深めて、月極めや日払いの愛人になったりと様々な形があるだろう。

多くのベテラン女性が経験しているのが地方への出稼ぎだ。一〇日、二〇日と短い期間を設定して、地方の性風俗店へ出向くのである。

出稼ぎ性風俗嬢に最も多いのは、絶対数の多い採用偏差値50～55程度の女性だ。東京、大阪などの大都市圏は無店舗型の競争が激しすぎて稼げる人気店は採用基準が高く、採用されても女性の間で競争があるので稼ぐのが難しい。ところが、裏風俗を中心とした地方の零細弱小店は人口が絶対的に少ないため、女性たちが知人にばれることを怖れて地元では働きたがらないなどの理由から、採用に苦労している。そこにはまだ働き甲斐のある現場が存在しているのだ。大都市圏で稼げない女性たちが地方に流れるのは自然な流れである。

人材に困っている地方の性風俗店や裏風俗店は、大都市圏の女性を短期的に雇用している。大都市圏ならば偏差値50〜55程度の女性も、地方へ行けば相対的に偏差値が上がるので指名が見込めるし、気分転換に面白そうということで女性と人材不足に悩む店の利害が一致。地方裏風俗は全国から女性を集めており、地元の女性はおおよそ半分程度、過半数が自由に出稼ぎに行く短期雇用のノマド風俗嬢という構成になっている。

沢村凛子さん（三二歳・仮名）は風俗嬢歴一〇年のベテラン。夜の雰囲気がカラダに染みたルックスで、偏差値は49〜51程度というところか。都内で店舗型格安ファッションヘルスに在籍しながら毎月一〇日程度、短期の求人をしている地方裏風俗に出稼ぎに行っている。

「仕事は出稼ぎがメインですね。毎月スカウトマン経由で情報をもらって、一〇〜一五日くらい地方の風俗に出稼ぎしています。保証三万円をだしてくれる裏風俗とかホテヘル、ソープですね。都内は店が多すぎて稼げない。お客さんの返り（リピーター率）をみて保証額を決めるとか、最初の一ヶ月だけとか保証のシステムは店によっていろいろ。

それと日割り保証とトータル保証があって、今の出稼ぎはほとんどが一〇日間計算のトータルです。トータルは保証が割れた日のマイナスを調整する。

例えばトータル一〇日間で二五万円って決めて、三〇万円を稼いだら最終日に差額五万円をくれるんです。地方のデリヘルは一日三万円いかないことが多い。バックは一本六〇〇〇～九〇〇〇円で一二時間拘束、デリヘルで三万円稼ぐのは難しくて一日三万円はあまり出ませんね。本番系の裏風俗だと三万円はいきます。

出稼ぎには交通費を払ってもらって旅行気分で行く。最近は仙台、福島、山形、新潟、沖縄、富山、福井、山梨って行きました。私の場合はトラブルを防ぐためにスカウト経由で行くけど、何ヶ月か前の仙台ではトラブルになって店が保証払えないから帰れってことになった。交通費はだいたい全額支給で、一〇日間と約束をすれば全額だしてくれますね。地方ではホテルや寮で待機したり、店とか事務所に泊まり込んだり。ホテルだと自腹になる」

東北復興における需要

報酬は本来、完全出来高制なので、まったく客が来なかった場合は収入にならない。

しかし収入にならないと女性たちが他店へと流れてしまうため、それぞれの女性の偏差値によって保証額が設定される。地方店は地元女性には保証なしの完全出来高制、短期の出稼ぎ女性のみに保証を設定しているケースが多い。

出稼ぎ女性を雇用したい店は大都市圏のスカウト会社やスカウトマンに求人を依頼する。彼らが、それぞれ繋がりのある女性たちに情報を流して店に紹介する。沢村さんが続ける。

「店はスカウトマンに女の子の売り上げの一〇パーセントを戻すんですね。例えば五万円を売り上げたとすれば、女の子には保証の三万円、スカウトバックで五〇〇〇円を渡すので、スカウト経由で出稼ぎの女の子を使うと、店はあまり儲からない。保証額は女の子の外見によって変わってくる。おばさんとかブスになると、最低の一万五〇〇〇円とか。私はまだ三万円を維持しているけど、そろそろ厳しくなってくると思う。

当然、若い女の子の方が稼ぎやすいので都内でそれなりに活躍できる女の子で三万〜四万円、最高だとソープで七万円ついた子を知っています。それは特別ですね。三〇歳を超えると人妻店の多い東北に飛ばされやすくて、だから私は最近東北地方ばかり。若い子は北関東とか関西の裏風俗とか、沖縄とか。どこに出稼ぎに行くかっていうのは年齢で決まることが多いです。

二〇一一年は東北の性風俗業界に復興バブルみたいなことが起こって、日本全国から人が集まっていたので仙台とか福島では稼げました。デリの本番店でお客がたくさんいるから、あれこれうるさくなかったし、本当に楽でしたね。震災後の東北は儲かるのでたくさんデリヘルが立ちあがったけど、今は七割が開店休業状態でたくさん潰れちゃいました。私は年齢が年齢なので、これから出稼ぎ先は東北ばかりかな。まだ探せば三万円をくれる店があるからいいけど、年齢で保証が下がって二万円切ったら辞めようと思っています。あと三年くらいじゃないかな」

保証額にも格差あり

スカウトマンは、それぞれの女性たちの適性や適正価格を決めて依頼先の性風俗店に紹介をするが、当然クオリティーによって価格が変動をする。地方へ出稼ぎに行くノマド風俗嬢の一日の保証額を採用偏差値別に見てみよう。

【採用偏差値別の一日保証額】

採用偏差値68以上　五万円以上
採用偏差値67～60　四万円
採用偏差値60～52　三万円
採用偏差値51～47　二万～二万五〇〇〇円
採用偏差値46以下　一万五〇〇〇円

ノマド風俗嬢を受け入れている性風俗店の人材は極めて流動的なので、時々の状況によって変動はあるが、一二時間拘束の一日保証額はおおよそこの価格帯で推移している。日に三万円は多くの性風俗店の一つの基準であり、偏差値の幅が広い。

大都市圏と地方とでは、同じ価格帯・ジャンルの店でも女性の採用偏差値は異なり、総じて地方の方がクオリティーは低くなっている。保証額三万円以上の女性は、地方では第一線での活躍が期待される。また、この値段がつくことは、性風俗嬢として認められていることの証しであり、それ以下では二軍扱いであることを意味している。

やはり地方でも老舗の店舗型ソープランドが最も稼ぎやすく、五万円以上の破格の待遇となるのは大抵がソープランドとなっている。

5　個人売春はワリにあうか

危険な商売

ここまで見てきた事柄から、一人の女性が複数店舗で断られている可能性は否定できず、それを加味すると性風俗で働きたくても働けない女性が相当数いることは間違いない。

それらの女性の一定数は、スタート地点に立つことに競争のない個人売春に流れていると考えられる。個人売春をする女性は「性風俗店に採用されない」「性風俗店の収入では生活できない＝競争に負けた」「本業だけでは生活ができない」「性風俗店の時間帯に合わせられない」「自由にお金を稼ぎたい」「特定の愛人を探している」などの理由が挙げられる。もっと具体的にいうと低スペックや精神疾患、時間にだらしない女性や、働ける時間に制限のあるシングルマザー、セックス好きの女性や人妻、特定の人物だけに売りたいと考える女性たちが個人売春を選択しているということだ。

個人売春は明白な違法行為で、そもそも一〇〇パーセント地下経済の領域にあり、不良グループや暴力団などが周辺に存在している。助けてくれる存在がないために身体的な危険もある。売り上げ未回収のリスクに加えて、逮捕摘発される可能性もある。自分で客を探さなければならないので非合理的で、売り上げが全額自分の収入になることを考えてもデメリットばかりである。とても安定して継続できるようなビジネスとはいえない。

手段は多様

現在、個人売春の手段としては「出会い喫茶」「出会い系サイト」「援デリ」「愛人倶楽部」「テレクラ」「路上客引き」などがあると考えられる。それぞれについて見ていこう。

①出会い（系）喫茶

二〇〇七年前後に生まれた業態で店舗数は北海道三、岩手一、宮城二、東京五一、神奈川六、埼玉八、千葉三、名古屋八、京都二、大阪二四、兵庫三（二〇一二年時点）となっていて、なぜか中国地方以西には一店舗も存在しない。男性と女性に会話の場を提供する会員制の店であり、直接顔を合わせて会話をするのが特徴である。

店内は男性席と女性席に分離されており、男性側が気に入った女性をトークルームに誘い、交渉が成立すれば店に外出料を支払ってデートとなる。「出会いの場」というのは建前で、実際は女性客の九割は売春目的であり、トークルームでは行為や金額の交渉が行われている。もともと出会い喫茶は風営法の適用外だったが、児童買春などの温床になることから、二〇一一年より風営法の届出の対象になった。

都心の繁華街の店舗であっても女性は常連化していて、一日に何度も男の相手をして稼ぐのを「回転嬢」、声がかからないのにずっと店にいるのを「お地蔵さん」などと男性客は揶揄している。以前は男性客がマジックミラー越しの女性を選ぶという方法のみだったが、二〇一〇年以降に激増したのが男性と女性の立場を替えた逆ナンパ喫茶である。これは女性に好評で大盛況となっている。選ぶ側に立ったことによって、外見スペックの低い女性がトーク等の営業力で挽回するチャンスを与えられるようになったからである。

出会い系サイトの危険

②出会い系サイト

二〇〇〇年代に入り携帯電話が爆発的に普及して、メールでのコミュニケーションが始まった。もともとは名前の通り、男女の出会いの場として生まれたが、すぐに売買春絡みのものとなった。特に未成年売買春、性犯罪の温床となったことで二〇〇三年九月から、児童に援助交際を申し込むことを禁じ、事業者に利用者の年齢確認を義務付けた「出会い系サイト規制法」が施行されている。

二〇〇八年一二月の改正施行では、事業者に対して都道府県公安委員会への届出も義務付けた。厳しい規制によって悪質な業者の多くは廃業に追い込まれている。二〇一二年七月六日付読売新聞は、出会い系サイトをめぐる事件を伝えている。記事によると、広島市内の中古車販売業者と大阪市在住の知人とが共謀して、一七歳の少女を使い、出会い系サイトを使って売春させていた、というもの。もともと中古車販売業者の男と少女との接点も出会い系サイトだった。援助交際の相手を探していた少女に、客のふりをして近づいたうえで、「誰の許可を得ているのか」と脅迫して、自分たちの監視下で働かせるようにしたというのである。少女は監視カメラ付きの寮に住まわせられ、二〇日間で二四回も売春をさせられていたという。

これは、アウトローによる「援助交際狩り」と呼ばれる行為だ。この少女のように監禁までされるのはレアケースとしても、個人売春をしている女性が脅されて廃業、もしくは彼らが管理する「援デリ」の支配下で働くことを求められるケースはある。違法行為ゆえに、不良グループや暴力団につけこまれやすいということをわかりやすく示した事件だと言えよう。

組織化する援助交際

③援デリ

この数年問題になっているのは、出会い系サイトで個人売春をする女性を囲って組織化している「援デリ」の存在である。「援デリ」とは援助交際デリバリーの略称であり、今も全国各地で増え続けている。

システムは簡単だ。「打ち子」といわれるグループリーダーが、女性に成り代わって出会い系サイトで援助交際希望の男性とやり取りし、交渉がまとまったら実働部隊である女性（打ち子一人に対し三～四人）に客を振りわける。女性は指定された現場に行って売春をする。報酬は折半で、二万円の客だったら一万円を打ち子に納めなければならない。

男性側は一般の素人女性と交渉しているように思うが、実はその背後に売春組織が控えているという仕掛けだ。打ち子が集金した売り上げの一定額は暴力団などに上納される仕組みである。「援デリ」業者は女性が稼いだ金の半分をピンハネするが、女性側には面倒な客探しを代行してもらって危険があったときには後ろ盾になってもらえる、というメリットがある。

双方の利害が一致して生まれた業態だが、不良グループや暴力団が直接関わっているため、女性も客も非常に危険である。

高級会員制ビジネス

④交際倶楽部、愛人倶楽部

交際倶楽部、愛人倶楽部は男性会員に女性会員を紹介する業態である。男女ともにそれぞれのクラブに即した入会審査があり、入会の条件はそのクラブによって異なるが、最低でも身元がしっかりした者であることが条件となっている。男性会員からは入会金と女性を紹介するたびに紹介料を徴収して、紹介後にクラブが関知することはないが、基本的に売買春が繰り広げられている。

値段はピンキリだが、おおよそ入会金二万～三万円、セッティング料で一人につき一万五〇〇〇～二万円程度。これに女性とのデート代（食事代やホテル代）や女性に支払う「交通費」名目でのチップ（セックスは二万～三万円が相場）が必要となる。入会金一〇万円以上の高級クラブも多く、男性会員は医師や弁護士、会社役員、スポーツ選手、女性は客室乗務員（CA）やモデル、タレントなどと謳っているところもある。男性が支払う費用の高いクラブほど、社会的地位が高い男女が集まる傾向にある。

サービスを提供する風俗ではなく、あくまでも「紹介所」であり自由恋愛が建前なので、相性が合わない男性や好みではない男性に対しては、女性側からキャンセルできる。実際には売春目的の女性が大多数を占めているが、純粋に出会いを求める女性も存在している。

⑤テレクラ、路上客引き

テレクラ（テレフォンクラブ）は八〇年代半ばに生まれた、個人売春の場としては古株だといえる。かつてはテレクラで待つ男性の数に比べて、女性からのコールは多くなかったので、奪い合いのような状態だったが、二〇〇〇年代になってからは女性からのコールが男性客を上まわる勢いで増えている。ネットなどを使いこなせない情報弱者の女性が手段として使っている。

路上客引きは歌舞伎町、池袋、横浜黄金町など、一部の繁華街に特定の場所があったが、度重なる摘発に加えて、新興業態の援デリに多くの女性たちが吸収されたことで衰退している。繁華街の路上で日常的に売春をしていれば、いずれ不良グループや暴力団関係者に声をかけられて不当な要求をされることは確実で危険まみれである。

個人で稼ぐのも大変

通常の性風俗と同じく、個人売春でも低価格化は進んでいる。

地域や女性の外見スペックにもよるが、一回一万五〇〇〇〜二万円程度で取引が成立している。女性側がツールを使って男性客を見つける作業から始めなければならず、あらかじめ客の傾向やサービスが決まっている性風俗店と比べると極めて非合理的である。前記の料金を積み重ねて生活できるまでの額を稼ぐには大変な労力が必要で、肉体的、精神的消耗は大きい。完全に違法なので社会の助けを借りるのが難しい。常に身の危険に晒されるうえに社会からは孤立し、健康を害するほかにも摘発など様々なリスクを背負うことも考えると、個人売春は特定の人物のみを相手にする愛人稼業以外、割に合う仕事ではまったくない。

この個人売春の低価格化はまだ進行するはずだ。となると、売り上げ上位の風俗嬢と、生活費程度も稼げない下位の風俗嬢、スペック不足やその他に問題があって風俗店で働けない個人売春女性たちとでは、同じセックスワーカーでもその立場はまったく異なってくる。

個人売春は「性風俗採用偏差値」の最低水準である47以下の女性に多く、その危険性を眺めていると、これ自体深刻な貧困問題になっているといえる。

売春が女性の貧困問題として行政やＮＰＯ法人、支援団体や当事者間で議論されているが、停滞した不毛な内容である。まず取り上げられる売春の是非の問題から抜け出せない理由は、すべての売春女性を同じ「セックスワーカー」としてカテゴライズしているからである。社会から必要とされ自立している上位の風俗嬢は、切り離して考えなければならない。

現在、風俗業界における女性の貧困問題は、個人売春女性と生活ができない下位の風俗嬢だけに関係する問題なのである。

第五章　スカウト会社とスカウトマン

1　スカウト会社とは何か

都内だけでも二〇〇社以上

働く女性を確保するのが風俗経営の最も重要なキモである。その女性の確保で大きな役割を果たしているのがスカウトマンであり、日本全国の繁華街の路上には必ず彼らが存在し、女性に声をかけ続けている。

女性が性風俗に入店するのには求人広告、スカウト、風俗嬢の知人からの紹介と、およそ三つの経路がある。その割合は店によってまちまちだが、求人広告はあらゆる女性が応募してくるために選抜が必要で、未経験者には研修もしなければならない。性風俗は未経験者には楽に稼げると誤解されがちで、ミスマッチも起こりやすく、即離職する率も高くなっている。一方、スカウトや知人からの紹介では経験者であったり、すでにある程度理解をして来ているために即戦力になりやすい。

また、店の看板になるレベルの女性は、一般女性からの求職が多い求人広告で見つけるのは至難で、相場より高い手数料を支払ってでもスカウトに頼ることがある。スカウトへの手数料は紹介女性が一〇～二〇日働いたときに発生する、一回限りの支払いの「買い取り制」と、女性の総売り上げの一〇～一五パーセントを渡す「スカウトバック」がある。キャバクラや各種水商売は買い取り制、性風俗は歩合制のスカウトバックを採用していることが多い。

スカウトマンは原則、スカウト会社に所属している。性風俗の世界では女性を発掘した者の権利は大きく、女性が稼いだ一〇～一五パーセントはスカウト会社に支払われ続ける。女性の売り上げが一〇〇とすると五〇～六〇が女性、一五がスカウト、求人費用、営業費用、人件費と大きな負担があるため、店の取り分は二五～三五となっている。スカウトマンは一見するとなんの経費もかかっていないのに大きな権利を持っているので、「現代の女衒《ぜげん》」と呼ばれたりすることもある。脅し・強制、騙し、色恋、セックス管理などで女性を強引に性風俗やアダルトビデオで働かせる行為も横行。それを指して「人身売買をやっているのと同じ」と批判する人もいるのだ。

スカウト会社と呼ばれる組織は都内だけでも大手、中堅、零細を含め二〇〇社以上。三〇〇〇人以上のスカウトマンがいると言われているが、金のためにはどんなことでもする悪徳スカウトマンもいれば、時間や労力を惜しまず女性のために親身になる良心的なスカウトマンも存在する。一概に「人買い」と批判することは出来ないだろう。

暴力団との密接な関係

二〇一三年一月には、大阪松島新地で悪徳スカウト会社の代表が逮捕されている（産経新聞二〇一三年一月一五・二九日付）。

記事によれば、大阪府警布施署に「借金のカタに松島新地の料理店で売春させられている」と二二歳の女性二人が助けを求めて前年に駆け込んできたのが事件の発端。彼女たちは、数十万円の借金の返済を求められ、売春を強要されていたという。

訴えを受けて府警は捜査に乗り出し、料理店オーナーら計一一名を逮捕した。ここまでならば単なる売春の取り締まりだが、事件はさらなる展開を見せた。産経新聞の同年六月二六日付の記事によれば、府警は料理店オーナーらの逮捕をきっかけに、山口組系暴力団会長と幹部も逮捕。容疑は、スカウトグループの代表から「みかじめ料名目で三〇万円を受け取った」というもの（ただし、二人ともその後不起訴処分）。

この一連の逮捕劇が、売春と暴力団とのつながりを浮かび上がらせたとも言える。問題となったスカウトグループは一〇〇人が所属する大手で、自社で違法風俗店も経営する大規模組織だったが、規模に関係なく、スカウトやスカウトグループには必ずといっていいほど暴力団がバックについていると言われている。二〇〇五年には東京、大阪、札幌市、二〇〇七年には神奈川、埼玉で、路上でのスカウト行為を禁止する「迷惑防止条例」が改正施行され、スカウトは違法行為となり罰則もある。だからといって消滅することはなく、規模を縮小しながらも活動は継続している。

2　スカウトマンは気楽な稼業か

ブスにも声をかける

東京の渋谷や新宿などに行くと、アルタやドン・キホーテ前、スクランブル交差点などで、ひたすら女性に声をかけているスカウトマンを必ず見かける。繁華街に頻繁にでかける外見が低スペックでない女性ならば、何度もスカウトマンに声をかけられた経験があるはずである。

条例で規制されてからスカウト会社は地下にもぐり、情報が漏れてこない。漫画『新宿スワン』（和久井健・講談社）が描いているくらいで、どのような組織で、彼らがいくら稼いでいるのかなど、わからないことだらけである。

取材を申し込もうと性風俗店やＡＶプロダクションの知り合いに尋ねてみたが、スカウトマンは組織の情報を漏らすことを禁じられているらしく、ツテを頼ることはできなかった。そうこうするうち、具体的なことはすべて伏せる条件で、ようやく取材を受けてくれたのが、現役スカウトマンの山部君（二四歳・仮名）である。山部君は大学卒業後、新卒で一般企業に就職したが「後悔したくない、やりたいことをしたい」と退社。二〇一三年に中堅組織に所属して、東京のある繁華街でスカウトマンをしている。

「この仕事はほとんどの人が一ヶ月もたないで辞めちゃいます。求人が出ているので本当にいろんな人が来るけど、半年もつのは一割以下ですね」

毎日、休みなく出勤して路上に立ち続けているが、現在の収入は二〇万円台で、三〇万円を超えたことは一度もないという。まだキャリアが短いこともあるが、年収は二〇〇万円前後とギリギリの生活を強いられている。

「女の子を捕まえられないし、捕まえたとしてもたいしてお金にならない。完全歩合制なのでスカウトマンになっても多くは一円も稼ぐことなく、すぐに辞めちゃいます。とにかくお金だけのことを考えて稼ぐって強い想いがあるか、ボランティア精神というか、女の子のためになにか役に立ちたいみたいな意識がないと、とても続けられないんじゃないですかね。僕は完全に後者のタイプです」

一五時に事務所に出勤すると、毎日数十分のミーティングがある。所属するスカウト会社には具体的なノルマはないが、数日間女性を一人も捕まえることができないと、ミーティング時に上司から注意される。繁華街の路上に立って、終電までひたすら声をかけ続ける日々である。

「そんな可愛くない子でも稼げる店はあるので、外見にはそんなこだわらないで声をかけますね。よくこの業界で言われるのが、〝ブス〟に声をかけないのはダメってこと。誰が見ても可愛い女の子はどこに行っても稼げるわけだし。能力の高いスカウトマンは

〝ブス〟を稼がせるんですね。〝ブス〟といっても、本当にまったくダメな子ではなくて、そんなにパッとしないというくらいのレベルとか、どこか特徴がある子です。

自分で探しても断られたり、店をクビになったり、本当に仕事に困っている女の子って〝ブス〟が多いんですよ。仕事にあぶれちゃっている女の子を、自分や会社が持っている情報を使って稼がせて、業界で生きていけるようにするのがスカウトマンの仕事です。困っている女の子はスカウトマンを頼るから、それぞれの適性を見て稼げる店に紹介する。そうすれば女の子も感謝するし、自分自身もやりがいがある」

スカウトマンは特別に可愛い女性を厳選し、一攫千金を狙うといったイメージがあったが、どうやら違うようである。本当に論外の相手は別として、少しでも可能性のある女性には路上で声をかけ続け、立ち止まってもらって知り合った女性の希望を聞き、本人の意向や外見スペック、性格などを加味しながら、身の丈にあった性風俗店やAVプロダクション、キャバクラ、ガールズバーなどとマッチングさせる。いたって地道な作業を繰り返しているようだった。

「特に東京はいろいろな業種があるし、いろいろな店がある。求人広告は基本的に良いことしか書いてないので、どこでも稼げる可愛い子以外は、自分で探してマッチする店を見つけるのは難しい、というか無理だと思う。未経験の女の子はなにも知らないから、例えばキャバクラだと思ってピンサロに勤めちゃうとか、そういう悲劇が起こったりする。何軒まわっても断られてばかりとかね。スカウトマンやスカウト会社はこの子ならば、この業種のこの店、今だったらこの店がいいとか、生の情報を持っている。日々変わる流行とか街の状況の情報を持っていることにスカウトの価値がある。それと本人の希望や意思は二の次で、誘導して自分たちの経営する店に入れちゃうってやり方をする大手もあるけど、それじゃ女の子のためにならない」

彼らの仕事は、女性に職場を斡旋して終わりではない。入店した後に女の子のフォローや管理をすることも求められている。

「精神的に問題がある子もすごく多いので、夜中に頻繁に電話をかけてきたり、リストカットしたり……。女の子が仕事を続ける限り、ケアし続けなければならないんですよ。まわりを見ても辞めないで続いているスカウトマンって、女の子にいろいろしてあげてるし、意外といい人が多いですよ。風俗店がどうして永久にスカウトバックを払い続けるかというと、キャバクラよりも辞める子が多いんですね。きつい仕事なので。だから店からすれば、入店後も辞めないように管理してくださいね、ってことです。スカウトマンによっては、お金になる女の子は色恋をかけてホストみたいな感じで管理する人もいるし、毎日終わった後に食事を一緒にする人もいるし、出勤日は必ず送り迎えをする人もいる。そうやって女の子たちのストレスをケアして、愚痴を聞いてあげたりして、できるだけ長く続けることができるように努力している」

山部君は夕方から終電までは路上に立ち、深夜以降は女性たちのフォローに追われて自分の時間はほとんどない。たくさんの女の子を幸せにする、ということを目標に働き続けていれば、いずれ結果はついてくると信じて奮闘している。

稼げるのはホンの一握り

スカウト会社とスカウトマンとの間には雇用契約などない。完全歩合制の給与は現金で、税金は一切払っていない。山部君はほとんど休むことなく働き続けているが、どうしてお金になっていないのだろうか。年収二〇〇万円前後では最低限の生活もできない。

「やっぱり女の子たちがお金になっていないから、その売り上げから歩合をもらう僕らも同じってことです。キャバクラやガールズバーは買い取り。スカウトバックがあるのは風俗だけ。水商売系の買い取り額は大した額じゃないし、風俗に女の子を紹介しても週一や週二がほとんど。売り上げの半分は女の子がとっていくし、本当にお金にならないですよ。女の子と食事に行ったりすると、もうほとんど残りません。生活するのに精一杯で、社会的には無職なので健康保険も親の扶養のままで情けないです」

山部君は溜息をつきながらそう語る。

キャバクラ（一〇〜二〇日間労働）の買い取り、性風俗のスカウトバック価格は地域と業種によって相場がある。キャバクラは渋谷・新宿で八万〜一五万円、六本木・西麻布・恵比寿で七万〜一二万円、池袋・下北沢で六万〜一〇万円、地方都市になると三万〜七万円程度で取引されている。

性風俗は女性の総売り上げに対する割合で、ソープランドなら一〇パーセント、デリヘルやヘルスなどその他の業種では一五パーセントとなっている。

AV女優での取り分は女性のクオリティーやプロダクションによって設定が様々で、総ギャラの一〇〜三〇パーセントと幅が広い。ただし、期間と本数についてメーカーとあらかじめ契約してもらえる単体女優と企画単体女優しか売りようがなく、スペックの高い女性に限られる。そうした女性はプロダクション間で取りあいになるため、スカウトバックはどんどん上昇することになる。

山部君を筆頭にスカウトマンたちは日々女性たちに声をかけているが、AV単体女優や企画単体女優、高級ソープ嬢などになれる女性を捕まえるのは夢のような話で、料金が安めのキャバクラや週一、二回出勤のデリヘルへの紹介を積み重ねるのが普通である。稼げる人気店には在籍風俗嬢の紹介で女性たちが集まるのでスカウトを必要とせず、たとえ紹介してもキャバクラ程度の買い取りを求められたりする。

例えば本業のある女性を週一勤務でデリヘルに紹介したとする。多くのデリヘルは女性一人の売り上げが一日三万〜三万五〇〇〇円程度。まあ、三万円として女性の月の売り上げは一二万円。その一五パーセントで一万八〇〇〇円がスカウト会社に支払われる。スカウト会社と発掘した担当スカウトマンの分配は折半が基本なので、月九〇〇〇円にしかならない。スカウトマンたちは月九〇〇〇円の女性であっても夜中の電話をとって愚痴を聞き、食事を奢り、人によっては送り迎えまでしている。

「ヒエラルキーがあって、立場が上になっていかないと本当に厳しいです。例えばスカウトマンの売り上げが三〇万円までなら、その配分は会社六対スカウト四。それで三〇万円を超えると折半になって、五〇万円を超えると会社四対スカウト六になるみたいなシステムです。長く続けてたくさんの女性をあげて、会社に貢献しているほど収入は上がるんですね。単体AV女優とか人気ソープ嬢とかをあげれば収入もヒエラルキーもあがるだろうけど、それは本当に難しくて奇跡に近い。風俗嬢がなかなか稼げないって時代だけど、その売り上げから歩合をもらっているスカウトも同じ」

女性をスカウトして希望を聞き、デリヘル勤務を口説き、面接に連れていって日々のケアをしても週一勤務では月九〇〇〇円にしかならない。会社を辞めてスカウトマンになった山部君は休みなしに働いて月四万～五万円の収入から始まり、月一五万円になるまでに半年かかっている。月二〇万円を超えたのは最近のことだという。日々のケアができる女性の数も限られているから、やはりどこかで大きく稼ぐ女性を捕まえない限り、貧困生活からは抜けられない厳しい仕事である。

人気AV女優や高級ソープ嬢になるようなこれといった素材は、恋愛関係になって一年がかりで口説いたというケースを聞いたことがあったが、背景が見えてくるとそうする行動も理解ができる。月三〇〇万円も稼ぐ人気の単体AV女優だったらスカウト会社へはギャラの二〇パーセントとしても毎月六〇万円、スカウトマンへはその六割の三六万円がバックされる。このレベルになると、一人の女性のケアだけで生活ができる額であり、恋愛関係になって同棲するくらいの価値がある。月二五〇万円売り上げる高級ソープ嬢だったらスカウト会社へは二五万円、スカウトマンへのバックは一五万円だ。二人を捕まえておけば、充分に生活ができる。

人気AV女優や売れっ子風俗嬢など稼ぐ女性ほど、「彼氏はスカウトマン」という人が多いのだが、その背景にはこうした経済的な事情があるのだ。

時には逮捕も

山部君から紹介をしてもらった藤田君（二五歳・仮名）は、都内某所のスカウト会社に所属するスカウトマンである。スカウト歴は一〇ヶ月で、月の収入は二五万円前後という。高校卒業後に上京して居酒屋やホスト、キャバクラのボーイなど夜のアルバイトを転々としながら、知り合いに誘われてスカウトマンになっている。

藤田君にはスカウトと暴力団の関係を訊いてみた。

「スカウトって縄張りがあるんでしょ、ってよく訊かれるけど、それはすべてケツモチの暴力団との関係です。スカウト会社はそれぞれその街の組織に許可をもらって、街に立っているんですね。例えば渋谷のスカウトマンが新宿に立ち入らないのはケツを持っている組織が違うからで、新宿みたいにいろんな組があって権利が入り乱れている土地ではスカウトできる場所が東口だけ、歌舞伎町だけみたいになってきます。

暴力団への上納金はスカウト会社の規模によって違ってきて、人数が多いほど高くなりますね。おそらく一つの会社が払っている金額は毎月二〇万～五〇万円くらいだと思う。それに二〇〇五年の迷惑防止条例でスカウトは違反になったのでトラブルがあっても警察には頼れない。なにかあってヤクザを頼ったときは、それぞれ別途でお金がかかるみたいな関係です」

都内に二〇〇社以上あるといわれる各スカウト会社の経営者は現役ヤクザ、元ヤクザの他、暴走族、ホスト、ギャング、チーマーなどのアウトローが多く、スカウトマンもその繋がりで集まっている。上納している暴力団の力でスカウト活動ができる範囲が決まり、許可のない者が女性に声をかけることは許されないという。

「地元のヤクザが街をまわっているんですね。僕たちスカウトマンも『知らない顔がいたら連絡しろ』って言われているし、許可のない人間がスカウトをしていたらヤクザにどこかに連れて行かれます。なにやってるんだって脅されて、金をとられますね。そういう世界なので、やっぱりスカウトマンも不良とかヤンキー出身の人の方が強い。他のスカウトから女の子を引き抜いたとか、トラブルは毎日のようにあって、まず当事者同士の喧嘩になって、それで終わらないとバック同士で話し合うみたいな。弱い方が引かざるを得ないので、僕みたいな普通の人間がのし上がるのは難しいです。それと不良とかヤンキー出身の人は地元の後輩が女の子を連れてきたりとか、出身地のネットワークもあるので女の子をよくあげています」

経営者や上司はアウトロー。街では地元暴力団の監視下に置かれている。さらに都道府県の迷惑防止条例で路上スカウト行為が禁止されてからは、警察も目を光らせている。藤田君はスカウトになって三ヶ月目に、迷惑防止条例違反で現行犯逮捕された。

「二二日間勾留されました。初犯だったので罰金三〇万円で、次は実刑になるみたいです。繁華街にはスカウト防止の強化月間みたいなのがあって、女性刑事が私服を着て街を歩いておとり捜査をするんですね。制服警官だったらいくらでも言い逃れができるけど、私服警官はわからない。ナンパ行為だったら逮捕はできないから、スカウトをするように誘導してくるんですよ。普通の会話をするじゃないですか。

お兄さんは私になんの用があるの、って始まって、お兄さんスカウトさんじゃないの、ちょっとお店を探しているんだけど……みたいな。

『紹介できるよ』って答えたら手錠をかけられて、現行犯逮捕。〇時〇分確保です、って。条文ではつきまとってはだめ、立ち塞がってはいけない、腕を摑んではいけないって書いてあって、どれにも該当しなかったけど捕まりました。スカウト防止の強化月間は警察に摘発とか罰金のノルマがあるので、もう問答無用で強引な感じですよね」

迷惑防止条例は改正が繰り返されており、二〇〇五年でスカウト行為が禁止されたのに続いて、二〇〇八年の改正では「立ち塞がり」「つきまとい」「キャバクラ等の仕事への勧誘」と具体的な行為が記されて、二〇一二年の改正では「公衆の目に触れるような方法で相手方を待つ」行為までが禁止され、全面的な規制がかかっている。

このようにスカウトマンは逮捕や摘発と隣り合わせであり、危険極まりない職業になっている。

「まだ新人のそんな成果があがっていない僕が捕まっても、会社は『お前の不注意だ』みたいな感じですよ。勾留されているときは、すごく悩みましたよ。捕まっている間ってなにもすることがないから。たいした稼ぎもないのに、こんな仕事を続けていいの、ってなりますよね。ほとんどそこで辞めちゃいますよ。しかもスカウトは毎日が楽しいわけじゃない。毎日罵声を浴びたり、揉めたり、嫌なことなんてしょっちゅうあるし。警察やらヤクザやらにいろいろ言われるし、こんなことまでして逮捕されて、前科がついて罰金までとられてってなりますよ。僕は続けちゃってるけど、まだ憂鬱なままですね」

全面的に規制されている中でスカウトを継続すれば、再び逮捕されるのは時間の問題である。二〇〇五年以前のように、大学生が遊び半分のアルバイトで関わるような職業ではなくなっているということだ。

第六章　性風俗が「普通の仕事」になる日

1　性風俗は普通の仕事になるか

ナイチンゲールが求められている

デリヘルや一部店舗型が合法化されたといっても、性風俗はいまだに公には認められていない存在である。ここまでに見たように、浄化作戦による摘発リスク、無店舗型性風俗店の激増で止まらないデフレ、経営難、風俗嬢の格差、性病リスク、本番サービスの常態化、風俗嬢の安全の確保などなど、問題が多いが、こうしたことについて正面から議論されることはほとんどない。

本章では、こうした問題に取り組んでいる識者の意見を聞いてみよう。非営利法人

「ホワイトハンズ」代表理事の坂爪真吾氏は東京大学在学中に性風俗産業の問題を知り、「性産業の社会化」をミッションにホワイトハンズを設立。性風俗を現在の「性的娯楽型サービス」から、安全かつ長期継続的に従事できる「問題解決型サービスへ」と転換させよ、と提唱している人物である。

「性産業の社会化とは、ナイチンゲールが看護の世界で実現したことを、そのまま性風俗の世界でも実現しよう、ということです。一九世紀の看護は、職業としての社会的地位は極めて低く、世間からも蔑まれて、まともな仕事とは見なされていなかった。今の性風俗と同じです。

ナイチンゲールは、看護にまつわる知識と技術を専門化・体系化して、きちんと誰でも学習できる土台をつくって、その意義と必要性を社会的に認めさせることで、看護の社会化を成し遂げた。仕事内容を標準化することを通して、職業としての社会的地位を向上させる、ということですね。性風俗店の経営者がきちんとコンプライアンス（法令順守）を徹底し、専門知識と技術を身につけた女性が、安全かつ長期的に働けるような状態にしないと、性風俗を社会性のあるものにすることは不可能です」

坂爪氏は、性の専門職を目指す風俗嬢や志願者向けに「臨床性護学概論」、経営者向けに「デリヘル六法」というテキストを執筆している。性風俗でのサービスを看護や介護などの医療や福祉の分野と同等に専門職化して、社会的地位を向上させよう、という試みに取り組んでいる。

「今の性的娯楽型のカテゴリー、サービス内容のままでは性風俗を社会性のあるものにすることは不可能です。性的娯楽を目的としたサービスは、いくら崇高な理念や社会的意義を訴えたとしても、『エロ』とか『有害』の一言で、議論の余地なく切り捨てられてしまう。

もともと自分の身体を、性的娯楽を目的とした商品として、不特定多数の相手に販売することは、身体的・精神的・社会的にハイリスクな振る舞いであるし、裸のデフレ化が進行している現在では、そもそも商品として売れる期間自体が極めて短くなっている。労働現場で問題が起こっても、商品寿命の短さゆえに、関わる人たちが長期的な視野を持ちようがなくて、継続性のある組織や労働組合をつくること自体ができない。ほんの少しのマイナスを改善することすら困難なんですね。

現在の性風俗産業には、法律や一般常識に照らし合わせると、明らかに問題があるにもかかわらず、なぜか黙認・放置されている領域が、山ほどあります。デリヘルは違法ではないけれども、法律的な問題点がたくさんあって、今のままでは永遠に社会の表舞台には出ることができない状態です。

一番わかりやすい例でいうと、特定商取引法ですね。ネット上で商品やサービスを売る企業は、一般社会ではアタリマエの話ですが、法人名、代表者の実名、事業所の所在地や連絡先を、ホームページ上で公開する義務がある。派遣型の性サービスは通信販売に該当するので、本来は法人や代表者、店舗の情報をきちんとホームページ上に公開して営業しないとまずいんですよ。

でも、デリヘルでは誰もやっていないですよね。だからまず、法人や代表者の実名、店舗の所在地をお客さんに開示しようよってことです。現行の匿名営業・偽名営業のままでは、社会的な信頼を得られるはずがない。事業所の所在地を開示してしまうと、地元の暴力団が不当な要求をするためにやってくるリスクがある、という人もいますが、その場合は、暴力団対策法に従って、毅然とした態度で断ればいいだけです。

もう一つあげれば、『生』の問題です。コンドームを使わない、いわゆる生サービスが常態化していること。生本番は言語道断で、売春防止法違反です。生フェラについても、粘膜接触は、店舗側や女性側がどれだけ対策をしても性感染症のリスクを防ぐことができないので、そもそもサービスにはなりえない。単なる自殺行為であり、女性に対する性的虐待です。生本番に関しては、経営者側の法令遵守や、我々のようなＮＰＯが訴えていくことで減っていくかもしれないけど、生フェラに関しては、ほとんどの性風俗の基本中の基本サービスになっており、そもそも生フェラを否定してしまうと、多くの業態や店舗が、もはや商業的には成り立たない。年齢的に、生本番や生フェラをデフォルト（標準）にしないと客がつかない、食えない女性も大勢いる。こういった現状に対しては、警察も、保健所も、何も言わない。難しい問題です」

サービスのガイドライン

坂爪氏は、デリヘルを完全合法で運営していくためのガイドラインを、「サービス提供」と「女性の雇用」の二つで提案している。

Ａ・サービス提供に関するガイドライン

1. ホームページに経営責任者の実名、事務所の所在地、連絡先を明記する。
2. 男性利用客の身元確認と、顧客名簿の作成を徹底する。

3．サービス可能範囲の事前説明と、利用規約への同意署名を義務付ける。
4．事前カウンセリングの実施とサービスプランの作成の徹底。
5．粘膜接触を伴う行為、性的虐待行為を「サービス」として提供することの禁止。
6．人身売買・女性差別行為の禁止。

B・女性の雇用に関するガイドライン
1．知的障害者、精神障害者の雇用禁止。
2．応募者の身元確認と、従業員名簿の作成を徹底する。
3．業務委託契約の禁止。

サービスプラン作成、利用規約への同意署名、事前カウンセリングなど、公的な介護事業所に近い内容になっている。代表者が偽名を使い、男性客が偽名で予約してサービスを受けて、生サービスは基本で、売春行為も常態化している現在の状況からはかけ離れた提案で、これを実現するならば確かに現在のデリヘルが改善しなければならない課題は無限にある。坂爪氏の話。

「業務委託契約の禁止は重要ですね。性風俗の世界は、働く女性が個人事業主扱い（業務委託契約）で、店側との正式な雇用契約がない。すると、労働基準法が適用されない。そのために、違法な長時間労働、罰金制度やノルマが常態化する。社会保険にも加入できず、給与の未払いなどのトラブルが起こった場合にも責任を追及できない。

女性たちが安全かつ長期的に働けるように、社員でもバイトでもいいから、正式な雇用契約をすることが大切です。女性は給与の源泉徴収を通して税金を払うことができるし、有給休暇や労災・雇用保険などの社会保障も受けられる。多くの性風俗が稼げない仕事になっている今、労働基準法の保護を受けられないうえに、お金も満足に稼げない、となると、そもそもこの世界に参入する意義自体がなくなってしまうはず。だからこそ、雇用関係の法令遵守をしっかりやろう、というガイドラインです。

ガイドライン以外にも改善ポイントはあります。具体的には、例えば、店のホームページに、女性の顔写真や顔出し動画を掲載するのはやめよう、ということです。一度でも掲載したら、半永久的にネット上に残っちゃうじゃないですか。辞めた後にバレることも含めて、社会的なリスクが大きすぎる。デリヘルが、サービスや職業としてきちんと社会化された後だったら顔出しもいいでしょうけど、そうでない今の状況下ではリスクが大きすぎる、ということですね」

性風俗は社会に認められていないが、社会に必要な仕事である。数十万人規模の雇用が生まれているし、救われている男性も膨大である。社会全体の雇用が縮小している中で、風俗嬢をする女性たちが若さや肉体を切り売りして使い捨てられるのではなく、専門知識と技術を身につけて、労働基準法に則って働き、法律や制度による保護を受けたうえで、心身の健康を損なわずに、長く継続できる職業にしよう、という坂爪氏の問題提起は非常に重要である。

ボトムアップを

現在はデリヘルが溢れかえり、限界を超えるデフレが起こり、多くの風俗嬢や経営者など関わる人々が首を絞められている状態である。そこから抜けだすためにサービスは過激化して、本番行為に走る女性たちも後を絶たない。まさに負の連鎖となっている。

坂爪氏が続ける。

「今必要なのは、参入障壁ですね。今は誰でも無条件に届け出をするだけで参入できるし、働く女性も、性風俗＝貧困のセーフティネット、という誤ったイメージが強くて、経済的に行き詰った女性たちが、誰もかれも応募している。飲食業や配送・ドライバー職で稼げなくなった男性や、本業で行き詰った零細自営業者が、デリヘルの経営に乗り出すケースも多い。

しかし、無闇に参入しても食える状態ではないのだし、そもそも、今の性風俗市場に、そこで働くことを希望するすべての経営者や女性の生活を支えるだけのパイはないので、店舗数の過剰による不毛な価格競争、それに伴う労働環境の悪化や違法行為の蔓延を防ぐために、しっかりと参入障壁を作るべきです。資格制度や研修を義務化して、一定のカリキュラムをクリアした人のみが性風俗に参入できるといった状態にした方が、誰にとっても良いことのはず。

一部の選ばれた人しか入れないようにしてレベルアップ、という話ではなく、そもそも参入する資格や能力のない人が、安易に参入してしまうことによって生じる不幸を減らすために、ボトムアップをさせることは必須です。風俗嬢や売春女性には多重債務や離婚、DV、性的虐待など不幸を抱えた人がまだまだいますが、もともとの不幸と、風俗嬢になってからの労働環境が理由による不幸は、明確に分けて考えなければなりません」

女性の使い捨てを防止するためにも、参入障壁を作って再編をする時期に来ていることは間違いない。

「例えばキャバクラなどの風俗営業は許可制です。許可制だから明確な欠格事由があって、破産者で復権していない人、懲役や禁固刑を終えて五年が経過していない人には許可が下りないんです。

それが性風俗関連特殊営業になると、なんにもない。どうしてかというと、行政からみれば、性風俗というのは、『誰が』『何を』『どうやっても』社会的に有害な存在でしかないので、営業の基準などは作りようがない、という認識があるからです。そんな有害な世界に関わったら行政の威信が地に落ちてしまうよ、ということで届出制なのですね。

性風俗にはいろいろな問題があるけど、結局行きつくところは、行政が関わりたがらないところに根本的な原因がある。風営法は、法律の名称に反して、デリヘルやソープなどの性風俗関連特殊営業に対する、営業を適正化するための基準や規制がない。あるのは、それらを社会の裏側に押しやるための禁止事項だけ。これが一番の問題です。裏を返せば、性風俗の社会化のためには、その基準を作って普及させればいいだけ、ということになります。

営業に関してのルールや基準がまったくない状態をどうすればいいか。一番は、風営法改正が理想。だけどそれは無理なので、現実的には我々ＮＰＯだったり、現場の経営者や従業員が、自分たちで自主ルールを作って広げていくしかないと思います」

個人も法人も、ヤクザも犯罪歴のある人でも、誰でも届け出ることが認められている。これが反社会勢力の参入を容易にしている。この〝欠格事由の欠如〟は、風営法の大きな盲点である。

教育機関の必要性

一般職には存在して、性風俗にはないものがもう一つある。働く人たちの教育機関である。坂爪氏が提案する社会化を成し遂げたデリヘルは、形態も事業内容も訪問介護事業所に近いものだが、そこにはヘルパー二級講座や介護職員初任者研修にあたるような、仕事を教える資格や研修が存在しない。無店舗型の時代になり、風俗嬢が風俗嬢に教える場すらない状態である。

「性風俗の仕事を、現在の疑似売春から、社会性のある専門職にすることを目的にして、今はデリヘル検定と臨床性護士検定というのをやっていますが、座学が中心になっています。性風俗にはこういう法律が関わっているから、安全に働くため、長期継続的にお金を稼ぐためにも、それらをきちんと守ろうね、ということと、性風俗は戦後から現在に至ってこうなっているという歴史、過去はこういう状態でこういう事件があった、などの知識を教えます。

自分たちの仕事が、これまでどういう社会的立場にあったのか、そして今現在、どのような法律的立場にあるのかを知っているだけで、圧倒的に有利だと思います。過去にこういう業態があって、こういう理由で潰れちゃったとか。サービステクニックについては、店舗での講習や、実際の勤務経験を通して身につけることだと思うので、座学に力をいれています。本当は、最低でもヘルパー二級と同程度の時間数、研修を実施したいのですが、それでは人が来ないので、今のところは合計三時間くらいですね」

このように坂爪氏が目指す風俗嬢に対しての最終的なゴールは専門職化の確立だが、社会の「必要悪」としての烙印は消しがたく、道のりは遠いのが現状のようだ。

「これまでの性風俗は、反社会的な存在でありながらも、経済的に困窮した人たちのセーフティネット、つまり『反社会という名の社会』として機能していると考えられていました。性風俗がなくなったら路頭に迷ってしまう男女が大勢いるから、たとえ問題はあっても今のままでいい、という現状肯定派が主流でした。でも、セックスのデフレ化が進むにつれて、性風俗をセーフティネットとして利用できるのは一握りの女性だけになってしまった。大多数の人たちはそこからもこぼれてしまって、貧困問題になっています。すでに、『反社会という名の社会』としても成り立たなくなってしまっている。サービスの社会化こそが、唯一の根本的な解決策じゃないでしょうか」

坂爪氏の提案については、賛否両論あることだろう。しかし、これまで性風俗は高い付加価値を生み出せること、女性への雇用を供給できることから、違法やグレイゾーンながら「必要悪」として残ることができていた。供給過剰によってお金を生まなくなった現在は、両方の前提が崩れてしまっている。抜本的なところから考え直す時期に来ていることは確かである。

2 風俗嬢の意識の変化をどう見るか

風俗嬢の支援

埼玉県越谷市の非営利法人「Grow As People」（以下ＧＡＰ）は、まわりに打ち明けづらい職業で孤立しがちな風俗嬢に対して相談援助やセカンドキャリア支援を行っている。代表理事の角間惇一郎氏は東京、埼玉の数社のデリヘルグループと連携をとって、風俗嬢たちの生の声を拾って支援している。風俗嬢の仕事は家族や友人、パートナーに理解されることが少なく、立場を明かせば「やめろ」といわれてしまう。そのため、率直に相談できるＧＡＰのような存在は貴重である。

ＧＡＰの事務所は、二〇〇〇年代半ばまで風俗ファンの間では有名だった越谷流と呼ばれるサービスを提供していた裏風俗街にあった。摘発でそのまま廃墟となっていた性風俗店をリノベーションして使用している。浄化作戦で性風俗店が根こそぎ摘発された東武伊勢崎線越谷駅周辺の性風俗店街は他業種のテナントが入るわけでもなく、跡地を再開発するわけでもなく、性風俗店の崩れた看板がそのまま放置され、シャッター通りと化していた。閑散としている元越谷流の真ん中でＧＡＰは活動している。角間氏は一九八三年生まれ。風俗嬢たちのリアルな話を聞くことが日常業務となっている彼に、現在の彼女たちの意識などを中心にインタビューしてみた。

――風俗嬢からスカウトマン、経営者まで一通りまわってきましたけど、風俗業界はもうこの越谷流の跡地みたいになっちゃっていますよ。誰も儲かっていない。

「儲かっていないデリヘルにも、続々女の子が面接にきて、一〇人きたら半分は断っていますしね。お金に困ったら風俗で働けばいい、みたいな図式はもうないですね。九回ツーアウトで駆け込むところではなくなっている。困り果てている女の子たちが最後のボールを投げても、スタッフの人たちは余裕で見送ってきますからね。振る気がさらさらない。それは日々すごく感じていますよ」

——見送られた女性たちは個人売春（ワリキリ）に行くのかな。さらにそこからも弾かれる人がでてくるわけで、二年後、三年後の状況を考えるとゾッとする。

「風俗嬢は選抜された女性がする仕事になっている。そこは当然、超リアルな商業主義だから女の子が困っているから雇ってあげようとか、そんなことまったく関係ないわけですよ。現役で働いている女の子たちを知るには、状態でわけなければならない」

——女の子たちの状態とはなんでしょうか？

「例えば普通の議論は、ソープは違法だ、ソープ嬢は違法なことをしている女性だってだけで終わっちゃいますよね。でも、そういう総合的な状況の話と、風俗嬢個人が仕事に就いて日常を送って、その中で幸福を感じているかという個別の心的状態の話とはわけて考えないといけないと思うんですよ。

嫌なのに、騙されたり強制されたりしてやっている女の子については、人権問題に通じているような人が法的に介入した方がいいだろうけど、現実には楽しくやっている女の子もたくさんいる。プロ意識をもって働いている人もいる。日々の仕事は嫌だけど、それは満員電車のつらさみたいな程度のレベルにすぎなくて、お金稼げているからいいやって納得している人もいるわけじゃないですか。心的状態でわけていかないと、話が進まないですよ」

——その心的状態で充足している人は七割くらいという印象ですか？

「そうですね。騙されてとか強制されてとか、犯罪的なニュアンスは減っている。普通の女の子が自分の意思で風俗を選んでいるというのが基本です」

やらない理由がない

角間氏が若いということもあってか、越谷のＧＡＰには二〇代前半の風俗嬢を中心に、風俗嬢たちが気軽な遊び感覚で相談にくるという。私がＧＡＰを訪ねた目的は若い女性たちに近い角間氏に「どうして二〇代の女性たちは、以前と比べて気軽に風俗嬢へと向かうのか」を聞くことだった。

——どうして一〇代、二〇代の女性たちは、過去の世代と比べて高い比率で性風俗へと向かっていると思いますか？

「極論すると、風俗に代わる仕事がないってこと。みんな現実社会の破綻というか、矛盾に気づいているんだと思いますよ。最近蔓延しているポエム（みたいな謳い文句）なんて絶対に嘘だし、かつ夢とか希望とか安定なんて、この世にないしみたいな考えになっている。こうした現実に気づいたとき、時間に束縛されずに必要な金額が稼げる風俗を選択することは自然なことなのかもしれません」

——現実感覚があって感受性の強い女性ほど、風俗を選択肢にいれると？

「そうなりますね。ブラックと言われる会社が称える夢・自己実現や、社会的建前を意識し、世間的に〝まとも〟と言われている仕事に一度身を置いてみても、どうやら夢やまともはない、現れる気配もなさそうだ。給料は安く、生活は苦しい。なにかおかしいな、と。仕事の大変さ以上に、だれかに押し付けられた〝夢〟とかの嘘っぽさに気づくわけですよ。夢が嘘だったらもう『信頼できるのは諭吉（一万円札）だけ』ってなる。

風俗で働くことの魅力は大きく稼げることよりも、徹底的に現実的であること。時間の自由が多く、日払いのため成果が早い。合理性を求めた結果、風俗を選ぶという道はありえてしまう。忍耐力がないから昼職をやめて、楽な風俗に流れているみたいな見解は、実態とは明らかに違います。ただ、彼女たちは誰かが言っている〝安定〟や〝夢〟や〝まとも〟が嘘だって気がついただけ」

——私は九〇年代から風俗嬢やＡＶ女優をみていますが、ガラリと変わったのがブルセラブーム時に中学二年生あたりだった一九八〇年世代です。角間さんの二、三歳くらい上の世代ですね。

「やっぱり、その世代には性を売る仕事をやらない理由がない。その仕事について、良い悪い、黒か白かといったデジタルな感じではなく、アナログな尺度を持っている。オンかオフかじゃなくて、水商売や風俗でも、だいたいこれくらいまでならやってもいいか、これ以上は嫌だ、みたいな尺度がある。情報がすぐに入る時代だから選択肢として細かいレイヤー（層）がたくさんあって、なにかをほんの少しズラしてお金になるんだったら、ズラさない理由がまるでない、という」

——風俗に向かう女性が増えたと同時に、男性も女性も恋愛もしないし、ほとんど消費もしないという状態が続いている。

「それは精神的充足を他で補うことができるようになったからですよ。メールとか、〝いいね！〟の数とか、彼氏とか以外に承認される場が多様にある」

――性を売ろうってときに壁になるのは、昔から親とか彼氏の存在だった。

「二〇一三年版の厚生労働白書によると、今の若い世代で、彼氏がいない女の子は五割以上とかだそうですからね」

――恋愛も消費もしなくても生きていけるけど、仕事だけはしないとならない。

「だから風俗、となってくる。感受性が強いと世間で流通している夢や自己実現は嘘だと気づく、最終的には時間効率だけを考える。ただ、こうして誰もが『私も風俗で働いてみよう』と思うようになってしまうから、風俗店にとっての買い手市場となるわけで、市場原理として漏れる人が多く生まれる。その結果、ワリキリのような個人的な働き方が自然発生したのではないかと思います」

ブラック企業よりも風俗

インターネットによって情報だけでなく、承認も得られたことによって恋愛や消費に関心を持たない女性たちが増え、生き方も細分化している。かつてのように順風満帆に大学や高校を卒業して正規雇用された職場で充実できる生き方を送れるのは、ホンの一握りである。その道を歩む意思のない者や、その途中で壁にぶつかったときに、割が良く働き方が自由に選べる風俗というレイヤーがあることは、もう誰もが知っている。
「企業に入ったら入ったで、鬱とかセクハラとか問題だらけ。とりあえず平穏に働くということが難しくなっている。しかも、普通の企業からいったん脱落すれば非正規雇用になるとかブラック企業に入らざるをえなくなる。

そもそも新卒段階での就活が熾烈な上位争いになっているから、大学のランクが低いとそれだけでまともな就職は不可能になる。

そういうところの女性は、最初から非正規とかブラック企業しか道はないのが現実。それを嫌って、お金を稼ごうとするから風俗に行く子が増えるわけですよ」

――性風俗の苦境をみていると、完全にビジネスとして壊れたＡＶなどアダルトメディアと同じ道を近いうちにたどりそうです。風俗嬢は、あらゆる面で高スペックの女性だけがなれる選ばれた職業になるという状態は目前のような気がします。

「近い将来、高学歴じゃないと風俗店に採用されないみたいなことはありうるかもしれません。例えば、今だってリストカットの痕があるだけで採用されにくくなっている。

採用されてもお客さんがつかず稼げない。こうして風俗嬢にもなれない人が増え、さらに風俗嬢の中でも格差はひろがっている。今の風俗に面接に来る方は一〇〇万～二〇〇万円稼ぎに来ているわけじゃなく、一〇万～二〇万円を求めているだけなのですが……だれもが風俗店の面接をパスできるわけでもなくなっている。『就職できなかったから風俗』というセーフティネットにはなっていないですね」

——風俗嬢は成功すれば割高で高単価だし、拘束時間が短いし、適性さえあればもしかして美味しい仕事なんじゃないかって、多くの女性が気づきだしている？

「時間が欲しくてこの仕事を選んだって人は、すごく増えています。それで空いた時間に別になにするわけじゃなくて、ニートみたいな生活をしている。考え方としてはすごく腑に落ちるところがあるんです。彼女たちは決して大金を稼ぎたいわけじゃない。お金は最低限必要ってだけですから、もしも国がベーシックインカム制（国民全員に最低限の収入を給付する制度）を導入したら風俗やる女の子は激減すると思いますよ」

——仕事に夢も自己実現も望まないんだったら、労働時間は短いほどいい、となる。

「だから、逆に頭のいい子はブラック企業なんてありえなくて、風俗を選びますよね。我々の本来の課題である風俗嬢への支援という面でいえば、風俗嬢の利点は時間が空いているることだと思っているので、空いた時間になにをするか、してもらうかという点を考えていくしかない。他のＯＬとかブラックにいるより、幸いなことに時間があるから、その時間を投資的に考えて四〇歳以降に備えることを考えさせないといけない」

――自由な時間のある風俗嬢たちに、なにを薦めているのですか？

「単純に稼ぐことを教えるのではなくて、ちょっと右脳的な感覚を刺激するような出来事が必要だと思います。簡単に言えば、ヤバイこと、面白いことですよね。具体的に現役風俗嬢に参画してもらっているのは、うちの収益事業であるデザインやイベントコーディネートの仕事、映画のプロモーションなどです。風俗嬢のセカンドキャリアとしては、介護職が最適という人がいるけど、どうでしょうか。現実は介護職のセカンドキャリアが風俗嬢になっちゃっていますよね。右脳を刺激するような場をたくさん作ることで、徐々に変容してもらえれば、というふうなスタンスでいます」

四〇歳の壁

角間氏は、風俗嬢が直面する「四〇歳の壁」をキャリアの終わりの一つの指標にしている。性の買い手がいなくなる、稼げなくなるリミットは四〇歳ということで、その年齢を境に収入が激減する傾向があるという。

——風俗嬢の四〇歳の壁について話したいのですが。

「風俗で働けるのはマックス四〇歳じゃないですか。魔法が切れるのがみんなわかっている。今の風俗が危機的だとすると、四〇歳までもたないですよね」

——「四〇歳の壁」を越えると価値がつかないってことですよね。ただ、これから風俗嬢同士の間で猛烈な格差が生じると想定すると、その説には違和感もあります。私は厳しい競争の中で生き残った風俗嬢は四〇歳以降も価値が下がることはないんじゃないかと見ています。

「なるほど。まず『風俗嬢の壁』を越えられるかどうかがポイントってことですね。誰でもなれないから、入口や、早い段階で二〇代であっても、どんどん切り捨てられてしまうと。そういう壁があるのも間違いないですね」

——これからNPOとしてはどんな活動をしていこうと考えていますか?

「GAPが定める風俗の世界に関わる女性の状態って三種類あります。

一つは自分自身を管理できている人。管理型と呼んでいますが、行きたくないときは行かないし、いつでも辞められるし、性風俗をツールとして利用できている人ですね。

二つめは発達障害がある人とか強制的に騙されて働かされて、大きな搾取など被害に遭っている人。搾取型と呼んでいます。

三つめはスタッフやスカウトマンがいない、個人で売春をしている人、個人型ですね。

この三種類で、どれが上でどれが下ってことはないけど、GAPは自分の意思で働いている管理型風俗嬢を対象にセカンドキャリアを考えているんです。

日々、耳にするデリヘルの女の子たちの身の危険とか、しんどいとか、稼げないとか、非効率とか、様々な問題がある中で、GAPは技術力のあるNPOを目指していこうと考えています。風俗嬢の悩みにこたえながら、デリヘル経営者や風俗嬢が応用できる技術を開発したいと考えています。従来のNPOの『課題解決』『人権』『相談』といったような堅いイメージからは離れたいですね。なにか課題を発見したとき、声をあげて正面から抗議活動をするより、役に立つアプリなどを開発した方が普及するんですね。議論に議論を重ねて法改正を目指すより、技術の力で圧倒的短時間で解決できることはたくさんあります」

現在、具体的に角間氏が取り組んでいるのが、風俗引退後にネット上にアップされた女性たちの写真を削除する取り組みである。検索すると容易に個人が調べられる時代になり、風俗後のセカンドキャリアの足を引っ張る可能性を秘めているためだ。

インターネット上の写真が人生に悪い影響を与えるこうした課題は、風俗嬢に限らず、一般的な課題といえる。GAPはネットに公開する前に写真投稿のリスクを確認できる仕組みを、プログラマーなどと組んでアプリで制作中である。

3 安心して働ける職場になるのか

平均収入が半減

要友紀子氏は風俗嬢が、安全に安心して働くことができることを目的に活動する自助団体「SWASH」(Sex Work And Sexual Health)を主宰している。風俗嬢たちの相談支援や安全に働くための講習、大阪府のHIV予防啓発事業など様々な活動を行っている。

「毎年風俗店をまわって風俗嬢たちにアンケート調査をしています。二〇一四年のデータは回答数が一五〇人で平均年齢三〇・四歳、平均月収三四万六〇〇〇円、勤続年数三年七ヶ月って出ました。二〇〇〇年の調査を見てみると平均年齢二三歳、平均月収が六三万八〇〇〇円、勤続年数は一年五ヶ月でした。回答数は一二六人です。関東大手の風俗グループに協力してもらって、店舗型で働く風俗嬢にアンケートをとりましたが、平均年齢が七歳上昇して収入は半減。勤続年数は二年くらい延びています。今年の調査は熟女店が多かったので、多少のバイアスは考慮しなくてはならないけど、風俗嬢は稼げなくて、大変なことになっていることは間違いないです」

この調査では風俗嬢の収入が一四年前と比べて半減している。店舗型は常連客や一見客がつきやすく、一般的にデリヘルより客が多い。主流であるデリヘルではこの数値から、さらに下落するはずで、このままのペースで下落を続けると、二〇二〇年代には一〇万円台となる勢いである。

「この状態になったのは、よく言われているように、無店舗化とかデフレ化とか、店とか風俗嬢が増えすぎたとか、いろんな理由が重なっての結果です。稼げる子は稼いでいる、稼げない子はまったく稼げない、格差がひろがっているわけですね。この前、東京の池袋の店舗型風俗店で『ナンバーワンの子はいくら稼げていますか?』って聞いてまわったのですが、月収一〇〇万円を超えるのは当たり前、一〇〇万~二〇〇万円の間とか。

池袋の店舗型ヘルスにはそういうレベルの女性がいました。これは昔と変わらないレベルです。

ナンバーワンの月収が昔からあまり変わらないのに平均値が下がっているってことは、下の層が多くなっているってこと。かつては人気のない子も出勤すれば収入ゼロなんてありえなかったから、収入の差はそこまで大きくなかった」

現在の需要と供給のバランスが崩れた性風俗店では稼げないとなると、女性側から別の動きが生まれるのは道理である。

「これからの風俗嬢たちは、行動していかないと稼げないでしょうね。店に所属してお客さんを待っていても稼げないんだから、自分でお店作って、自分でウェブサイト立ち上げて集客するとか。経営者兼プレイヤーだったら、お店に半分とられないでしょ。一日一人の客を目標にすれば、生きていけるわけです。独立すればプロ意識もでるし、自分のお店をどうするとか考えるし、ビジネスセンスも磨かれる。どうすればお客さんが来るかを考える風俗嬢が増えれば、サービスもどんどんよくなるだろうし」

海外進出も

女性たちが要氏の提案するように独立すると、海外で働くことも視野にはいってくるだろう。興行ビザの発給が厳格化する二〇〇五年までは、日本にフィリピンなどの発展途上国から大量の女性が流れていたが、これからは日本の女性たちが稼げない母国から逃げる時代となる可能性が高い。

「去年、オーストラリアのセックスワーカーたちの子に日本に来てもらって話を聞きました。日本より稼げるって話で、単価もいい。オーストラリアの女の子たちは、普通に一日四万円くらい稼いでいます。その女の子の容姿は一般的だし、特にできる風俗嬢ってわけじゃない。でも、個人でウェブサイトもって集客して中間搾取はされておらず、日本のように値下げ合戦になっていないから、日本よりも状況が良くなっている。アメリカもそう。

セックスワーカーが自分で広告を出して集客しているので儲けはいいですよ。オーストラリアのセックスワーカーがラスベガスの高級売春宿に出稼ぎに行って、三週間で三〇〇万円稼いだとか。すでに海外の方が稼げる状態になっていますね。そういいい情報を聞いたら、みんなが行きたがりますよ」

すでに多くの風俗嬢たちが海外での労働を視野に入れ始めているという。

海外で日本人女性は実年齢より若く見られる傾向があり、風俗嬢としての年齢もサバを読めるため、風俗嬢としての寿命も長くなる。就労ビザの問題はあるが、売春が合法の地域で働くことは風俗嬢たちにとってメリットが大きくなっている。

危険が本人のせいになる

要氏を中心にＳＷＡＳＨでは、風俗嬢たちが「安全に健康に働ける」ための活動を続けている。性風俗周辺には粘膜接触による性病や、風俗嬢に危険の多い無店舗化推進の法律など、「安全に健康に働ける」ことに反する問題点は多い。

安全と健康の問題は他業種ならば最優先されるべきだと考えられる問題だが、風俗になるとそうはなっていない。その要因は社会の偏見だと言う。

「私たちの訴えている、風俗嬢への差別や偏見をなくしたい、っていうのは自尊心の問題じゃない。職業として認められないと、当事者以外は誰も聞く耳を持たないので、命にかかわることであっても、改善することが難しくなってくるという点が問題なのです。

職業として認められないことのマイナスは無限にあります。具体例を挙げればキリがないけど、例えば店や客から被害に遭っても自業自得とか自己責任とかで全部片付けられるというのもそのひとつ。八〇年代後半にお客さんに殺されそうになったホテトル嬢が、攻撃してくる相手を正当防衛で刺しちゃった事件があったんです。その事件の裁判では、危険な仕事とわかって風俗嬢をしていたほうが悪いって理屈で、正当防衛が認められない判決がでている。

無店舗になってホテルでお客さんと二人きりだからストーカーとかレイプ被害が起こりやすい現実があるけど、風俗嬢は自分で勝手に危険に足を突っ込んでいると思われているから、人に言えないこんな仕事をしている自分が悪いってなるし。その価値観を内在化させてしまった風俗嬢は、罪悪感にかられて、周囲に助けを求めることができない。それで、どんどん状況が悪化する例を見てきました。だから、偏見がなくなってほしい。

逆に真っ当な職業という認識が広がれば、当然雇用者の人たちは働く人たちの安全環境を確保する責任もうまれるし、社会保障とか、退職金とか労災とか、働く人たちの権利がうまれる。いろんな被害も起こりにくくなる。

アンダーグラウンドであればあるほど、無法地帯になるでしょ。写真勝手に使うだの、プライバシーを侵害するだの、盗撮されるだの。脅しも入りますよね。親に言うぞとか。危険な目にあっても、仕事として認められてないんだから警察に行きにくかったり、警察にも相手にされなかったり。本当になにから言えばいいかなってくらいマイナスなことはいっぱいある」

フェミニズム思考の弊害

多くの風俗嬢が求めているのは、命や健康を守るうえで必要な人権を保障する前提として、「性風俗を職業として認めてほしい」というだけのことだ。誰もが持っている普通の権利を求めているだけだが、そこに立ち塞がるのは「女性の味方」を自任するフェミニズム的な思考だという。「女性は性的な行為をして金銭を授受してはいけない」という一見もっともらしい思考が、かえって事態をややこしくしているというのだ。

「従来、風俗業への差別や弾圧を推進してきた代表的な考え方というのは、売春防止法における売春婦の『保護更生』や、買春文化、性の商品化を根絶し、性産業の女性たちを社会に再統合しようという考え方です。男女共同参画社会基本法(一九九九年)に基づいて設けられた内閣府男女共同参画局の『女性に対する暴力に関する専門調査会』は、二〇一〇年の報告書『「女性に対するあらゆる暴力の根絶」について』で、売買春への対策の推進として、『売春防止法の見直しを含め、売春の相手方に対する対策や関係法令を厳正かつ適切に適用し、周旋行為の取締りを一層強化する』ことを提言しています。つまり、今後、買春客も罰していくことを検討したいということです。

この、ジェンダー格差是正の文脈で語られるセックスワークというのが、日本だけでなく、海外でもセックスワーク弾圧によく用いられる論理です」

要氏によれば、この種の「女性の権利を拡大したい」という思考が、かえって風俗嬢たちの安全や健康を脅かす大きな矛盾を生んでいるという。風俗嬢たちの命や安全を脅かす大きな問題が目の前にあっても、その具体的な対策や改善を考えるのではなく「男たちに性奴隷として働かされている風俗嬢を救済しなくては」といった方向に、運動が向かってしまうのだ。

「フェミニストじゃなくても、風俗嬢を社会の犠牲者とみる人が多い。そういう犠牲者ができるだけいなくなるようにすることこそが社会が目指すべきことだ、というのが、彼らの主流の考え方です。最近テレビなどのメディアでは、風俗嬢になった人々のバックグラウンドを取り上げて、生育環境にハンディキャップが潜みがちであること、正規労働者の割合の低さ、ＤＶ率、シングルマザーの割合の高さを示唆する傾向が強いですが、それ自体、問題のあるものが少なくないです。

本人が望まない残念な結果は如何にして作られていったのかという観点を強調しすぎると、結果として風俗で働くことがこの世にある妥協と矛盾の最たるものというイメージをつくってしまいます。

残念な結果としての人生や仕事は誰にだってある。風俗嬢だけじゃないのですが、他の職種の残念な就業の結果については、〝あなたは全然悪くない、悪いのは不平等な社会で、福祉や教育の不作為の責任だ〟とまでは言われないですよね。

よく誤解されがちだけど、人が生きていくうえで決定したり選択したりする決定の多くは、好きで自由に選べる状況下で下されることが実際には多くない。ほとんどの決定や選択は、妥協や矛盾を受け入れてのことだと思うんです。

風俗嬢も同じことで、風俗で働くことは、その人の今までの生きてきたシステムや価値や経験から相対的にみて、どのようなレベルの許容であり、妥協なのか、あるいは苦痛なのか。具体的には、仕事で舐めたり舐められたりする行為がなければそんなにいやじゃないとか、ハンドサービスのみならOKとか、人それぞれ受け止め方はいろいろありますよ。その中身があまり注目されないのが風俗嬢だと思います。実際には多様なのだけど、『望まなかった』『辞めたい』という気持ちの持ち主にのみ、ライトが当たることが多い。だから、本人が望まなかったことをせざるを得ない残念な社会の犠牲者って語られがちになる。性的行為が仕事になるというインパクトが強くて、個人の性的幻想や価値観に問題が引きずられるということが起こり続けているんです」

二〇一四年二月、欧州議会では女性を買った男性が罰せられる買春者処罰化方針が決議された。これもまた要氏の批判するフェミニズム的な思考に基づくものだと言えるが、一方世界各国でセックスワーカーの権利運動も起こっている。

性風俗をいかに理念や道徳先行で捉え、規制しようとしても、存在をなくすことはできない。規制を厳しくすれば、グレイゾーンだったものが闇に潜むようになるだけである。もうそろそろ、建前での議論をやめて、性風俗業は社会にとって必要であり、あること自体を当然と考えたほうがいい。そのような認識が浸透し、現実的な議論が進むことで、安全な環境の下で安心して働けるという風俗嬢たちの最低限の権利が、一日も早く実現することを願うばかりである。

あとがき

本書を締めくくるにあたり、今後の性風俗業界、性風俗嬢の展望について私見を述べておきたい。

ある程度予測はしていたが、本書の執筆のために取材を繰り返して、性風俗界隈のあまりの景気の悪さに驚いた。本当にお金がまわっていない。ほんの一握りの流行りに乗って集客に成功している業者や、指名上位や富裕層の客を捕まえている風俗嬢をのぞいては、ほとんどの関係者が一般的なサラリーマンと変わらない生活レベルとなっていた。その一握りの人たちも未来永劫それが続くわけではなく、来年はどうなっているかわからない。

人によっては交通費にも事欠くようで、軽い食事に誘うのも気を使う状態だった。性風俗は二〇〇〇年代前半までは人に言える仕事でないとはいえ、簡単に価値が認められる高収入職の代名詞だったはずだが、当時とはまったく別世界となっている。

経営者から末端まで、関わる人すべての経済状態が悪化していたが、特にその傾向が顕著だったのは、平均月収三〇万円代後半まで落ち込んだ風俗嬢と、高額なスカウトバックを手にしているはずのスカウトマンである。社会から蔑まれ、健康のリスクを抱え、いつ摘発されてもおかしくない危険な職業に就きながら、人並みに稼ぐことすらできないのは悲惨といえる。

本書で詳しく言及したが、性風俗は長年、法律的に曖昧なままグレイゾーンの職業として成立していた。違法かもしれない、危険かもしれないという〝参入障壁〟があったことによって、需要と供給のバランスが崩れることはなかったが、実質上の規制撤廃となる無店舗型の合法化によって店舗と風俗嬢が増えすぎてしまった。店舗間、女性間の競争が繰り広げられた行き着く先が、多くの人が稼げないという現状だったのである。

最近、世間ではＴＰＰや国家戦略特区などの議論が活発で、「産業化して競争することによって発展し、雇用と税収を増やす」など声高に言っている政治家や経営者をよく見かける。しかし、性風俗の悲惨な現状を眺めると、規制緩和によって競争が活発化すれば、発展して業界が活性化するという論理は、真っ赤な嘘だということがわかる。

超高齢化や待機児童問題が背後にある介護や保育の世界でも、すでに性風俗業界で起こってしまった負のスパイラルが始まっている。そうした業界の周辺には、「社会貢献」「社会問題の解決」「夢」などという綺麗な言葉を流通させながら、多くの介護職員や保育士が支配されて低収入で働かされている。その言葉を派手に発している発信源を探っていくと、資格ビジネス業者やフランチャイズ業者だったりする。そこで働く人たちが貧困から抜けだすために、性風俗をセーフティネットとして求める女性が増えているのは、第三章で書いたとおりである。

こうした状況下では、これからも風俗嬢志願者が減るとは考え難い。第四章で述べた〝各種性風俗の採用偏差値〟で偏差値55に満たない女性では、長期的どころか目先の収入も一般業の方が稼げる可能性が高く、風俗嬢になることは諦めて別の道を探した方が賢明である。価値が認められないうえに、カラダを売ったというスティグマ（負の烙印）を背負うことになり、いいことはなにもない。性風俗は高収入という幻想から逃れなければならない。

そのような過酷な状況を理解して、それでもなお足を踏み入れるのならば、風俗嬢たちは、個人事業主という意識をさらに強く持つ必要があるだろう。身近にいる従業員やスカウトマン、求人サイトの言葉をすべて鵜呑みにするのではなく、本書のような書籍などに目を通し、法律や歴史、規制、経営に関することなど、自らのかかわる仕事に対して最低限の知識を持ち、売りものである自分を客観的に判断しながら価値が少しでも高く認められる場所を探さなければならない。例えば自分の容姿ならば、どんなジャンルが売れやすいかを知ることは当然、大都市圏と比べて風俗嬢が集まりにくい地方や、将来的には海外で性を売ることも視野に入れるべきである。

もちろん、彼女たちを雇う店側も苦境に立たされている点では同じだ。性風俗店は相変わらず低価格化と女性のクオリティーアップで既存の男性客を取りあっている。価格はこれ以上、下げようがない限界にきている。さらに巨乳、人妻、超熟、コスプレ、痴女などなど〝記号〟の細分化は行き着くところまで行っているから、そう簡単に新機軸は生まれない。業界全体として現在の雇用を維持するだけでも、新しい顧客を開拓する必要に迫られている。

そのために業界には、まったく性風俗に行ったことのない層や、女性客を掘り起こすことが求められるようになるだろう。たとえば現役を退いた団塊世代、たとえば上位一パーセント強の富裕層といった「未開拓」の客層に向けたイノベーションが求められるはずだ。短期的な売り上げのために目先の性的快楽の記号化に走り、料金を安価にするだけでは悪化の一途をたどることは確実で、社会の流れを加味しながらの長期的展望を含んだ意識がもっと必要になってくる。

このような厳しい状況になってしまった以上、過去のように女性の価値が簡単に認められて、性がそれなりの価格で男性に売れる社会に戻ることはない。地域にもよるが、現在の客は中流以上の社会的に認められている男性がメインであり、人気のある風俗嬢には容姿に加えて教養やサービス業の心得がある女性が増えている。誰にサービスをするか、誰に気に入られるかという客層への意識は重要で、客の収入はそのまま風俗嬢の売り上げに直結する。

本書で繰り返し述べてきた、風俗嬢間の格差もさらに広がることは間違いない。容姿と教養と性的スキルのある女性は、中流以上の男性を顧客として高収入を手にする。一方で、能力がなくてなかなか風俗嬢になれないレベルの女性は価格競争に参加せざるをえない。彼女たちは、格安店勤務を余儀なくされるか、個人売春をすることになり、当然、それでは貧困からは抜けられない。このように残酷なまでに二分化していくはずである。

まだまだ風俗嬢という職業には、社会的にスティグマを押されている。それでもその道を選んでカラダを売る以上は、高収入を目指すべきだろう。また、その能力がある女性だけが目指したほうがいいように思う。そして、能力的にそれが叶わないならば、近づかずに別の道を探すべきなのだと思う。

取材に応じてくださった方々と、最後までおつきあいくださった読者に感謝を申し上げて、筆を擱《お》くこととしたい。

二〇一四年七月

筆者

●主要参考文献

飯田泰之、荻上チキ『夜の経済学』扶桑社（二〇一三年）
一般社団法人ホワイトハンズ『デリヘル六法2014』（二〇一三年）
一般社団法人ホワイトハンズ『臨床性護学概論』（二〇一一年）
荻上チキ『彼女たちの売春（ワリキリ）』扶桑社（二〇一二年）
門倉貴史『世界の［下半身］経済が儲かる理由』アスペクト（二〇〇七年）
門倉貴史『「夜のオンナ」の経済白書』角川書店（二〇〇九年）
要友紀子・水島希『風俗嬢意識調査　126人の意識調査』ポット出版（二〇〇五年）
鈴木大介『援デリの少女たち』宝島社（二〇一二年）
別冊宝島編集部編『風俗業に学ぶ経営のツボ』宝島社（二〇〇八年）
松沢呉一、スタジオ・ポット編『売る売らないはワタシが決める　売春肯定宣言』ポット出版（二〇〇〇年）
本橋信宏『東京最後の異界　鶯谷』宝島社（二〇一三年）
その他、朝日新聞、読売新聞、毎日新聞、産経新聞、東京スポーツの報道を参考にした。

中村淳彦　1972（昭和47）年東京都生まれ。大学卒業後、フリーライターとなり、ノンフィクション、ルポを執筆。著書に『名前のない女たち』『職業としてのＡＶ女優』『崩壊する介護現場』など。

Ⓢ新潮新書

581

日本《にほん》の風俗嬢《ふうぞくじょう》

著　者　中村淳彦《なかむらあつひこ》

2014年８月20日　発行
2014年９月５日　３刷

発行者　佐　藤　隆　信
発行所　株式会社新潮社
〒162-8711　東京都新宿区矢来町71番地
編集部(03)3266-5430　読者係(03)3266-5111
http://www.shinchosha.co.jp

印刷所　二光印刷株式会社
製本所　株式会社大進堂

ISBN978-4-10-610581-4　C0236

価格はカバーに表示してあります。

本書は三省堂選書の『国語の作法』を、一部加筆のうえ、改題して文庫としたものである。

Ⅰ 「目はしの利く」日本人 芥川龍之介「鼻」の語り口をめぐって、落語の話法との対比で日本語の語り順序の特徴をさぐる。

Ⅰ 「コピーライター」の言語学 コピーの文体のきまざまな手だてのうち、近頃目につく技法を具体的にとりあげる。——ぼかし、とり合わせ、しゃれ、きまり文句のもじり、文章らしくない文章、など。是非、きき手をふり向かせたい広告文の技術は、そのまま現代日本語の技法の最先端である。

鏡のなかの甲南
165

読みつぐべきバイブル
149

国家の条件
141

ひとり占めの帰り
137

あすの言葉はありますか
125

三省堂選書⑤